Das Immobilien-Set

Bedarfsanalyse
Besichtigungscheckliste
Finanzierungsplan
Kaufvertragsprüfung

Stiftung Warentest

Roland Stimpel

Inhalt

Sie können die Formulare auch kostenlos herunterladen. Den Link und einen QR-Code finden Sie auf Seite 97.

Kurzratgeber

Wenn Sie eine Immobilie kaufen möchten, wird das vielleicht die bisher größte Investition Ihres Lebens sein. Auf dem Weg dorthin müssen Sie sich mit Themen beschäftigen, die Ihnen womöglich völlig fremd sind – mit Auflassungsvormerkungen, Tilgungsplänen oder Nebenabreden. Gut informiert in Besichtigungstermine oder in Kreditverhandlungen zu gehen, kann Ihnen eine Menge Geld und Nerven sparen. Vorab finden Sie in diesem Kapitel zehn wichtige und aktuelle Fragen zum Thema Immobilienkauf.

Antworten auf die 10 wichtigsten Fragen

Beim Suchen und Prüfen einer Immobilie, beim Finanzieren und Kaufen tauchen immer wieder die gleichen Fragen auf. Einige beantworten wir auf diesen Seiten kompakt. Genaue Erläuterungen und Hintergründe finden Sie in den folgenden Kapiteln.

Frage 1
Wie stelle ich fest, ob ein verlangter Preis überteuert ist?

In vielen Regionen sind Wohnungen und Häuser teurer als vor zehn Jahren. Die Preise können zwar auch wieder sinken, darauf sollte man sich aber in den kommenden Jahren – vor allem in den begehrten Ballungsgebieten – nicht verlassen. Um herauszufinden, ob die Immobilie überteuert ist, gibt es zwei Perspektiven. Erstens der Blick auf den Markt: Über Vergleiche und das Studium von Marktberichten, Preisspiegeln oder Gutachterberichte können Sie sich dem realistischen Preis annähern (siehe „Markt und Preisniveau kennen", Seite 19). Die zweite Sicht ist die aus Ihren persönlichen und finanziellen Möglichkeiten heraus: Sie sollten Ihr Eigenkapital und Ihr monatlich verfügbares Budget ermitteln und daraus Ihr persönliches Limit ableiten (siehe „Das können Sie sich leisten", Seite 15). Liegt der Preis, der verlangt wird über Ihren Möglichkeiten, und es ist kein Verhandeln möglich, schließt das den Kauf schnell aus. Ebenso wichtig wie der Kaufpreis ist die Frage: Wie viel kostet Sie die Immobilie jeden Monat – auch im Verhältnis zur Miete eines gleichwertigen Objekts?

Frage 2
Kommt auch ein vermietetes Objekt für mich infrage?

Wenn Sie die Immobilie zur Geldanlage kaufen und das Verhältnis von Preis, laufenden Kosten und Mietertrag stimmt: allemal. Sie sollten sich aber die Frage stellen, ob Sie Vermieter sein wollen. Als solcher tragen Sie einige Verantwortung für die Bewohner und müssen oft zwischen Ihren sozialen Neigungen und wirtschaftlichen Interessen entscheiden. Wenn Sie selbst in ein derzeit vermietetes Objekt einziehen wollen und die Mieter auszugsbereit sind, kommt diese Immobilie ebenfalls infrage (siehe „Mieter im Objekt", Seite 48). Wenn Sie aber Mieter hinausklagen müssten: Überlegen Sie, ob Sie sich selbst und den Mietern den Ärger und die rechtlichen Risiken antun wollen.

Frage 3
Was bekomme ich von Bauträgern – und was nicht?

Bauträger bieten ein Paket von Grundstück und zu bauendem Haus zum Festpreis und zum Teil nach staatlich festgesetzten Regeln an (siehe „Immobilienkauf vom Bauträger", Seite 28). Doch erfüllen sie individuelle Vorstellungen oft gar nicht oder nur als sogenannte Sonderwünsche, die den ursprünglichen Preis schnell in die Höhe treiben können. Viele Angebote von Bauträgern haben zudem Lücken, die Sie später auf eigene Kosten ausfüllen müssen. Daher prüfen Sie die Baubeschreibung und lassen Sie den Bauträgervertrag von einem Fachanwalt durchsehen (siehe „Baubeschreibung", Seite 45). Wenn es dann an das Bauen geht, engagieren Sie einen Experten, der regelmäßig auf die Baustelle geht und wichtige Arbeiten für Sie begutachtet.

Frage 4
Wie wichtig und hilfreich ist der Makler?

Wenn Sie nicht selbst suchen können oder wollen, etwa, weil Sie weiter entfernt vom Kaufort wohnen, lohnt sich eventuell der Auftrag an einen Makler, der bei Erfolg eine Provision erhält. Sie sollten über eigene Recherchen seine Qualität überprüfen. Kommen Sie auf anderen Wegen an Immobilien und ihre Anbieter, können Sie sich den Makler sparen. Er verdient am Verkauf, nicht an Ihrer Beratung. Bei dem Erstkontakt ist einiges zu beachten, damit Sie nicht Gefahr laufen, einen Makler versehentlich zu beauftragen. Auch sollten Sie im Blick behalten, ob Ihnen der Makler Objekte anbietet, die Sie schon kennen – sonst kann schnell eine doppelte Provision zu zahlen sein (siehe „Makler-Aufträge", Seite 23). Auch wenn Sie keinen Makler engagieren wollen, erfahren Sie oft nur über ihn Details zum Objekt und den Verkäufer. Dann ist Provision fällig – aber nicht immer (siehe „Maklerprovision", Seite 84).

Frage 5
Wie erhöhe ich meine Chancen, wenn es viele Interessenten gibt?

Erstens durch Tempo: Werden Sie sofort aktiv, wenn ein Angebot interessant ist – und halten Sie Eigenkapital-Nachweise bereit. Bereiten Sie sich für die Gespräche und Verhandlungen bei den Banken mit allen nötigen Unterlagen vor (siehe „Unterlagen für das Kreditgespräch", Seite 69). Denn bei heiß begehrten Objekten bekommt oft derjenige den Zuschlag, der die Finanzierung in sicheren Tüchern hat. Zweitens durch Verbindlichkeit bei der Besichtigung: Zeigen Sie ihre positive Einstellung, wenn die Immobilie für Sie infrage kommt. Drittens, indem Sie sich mit dem Ansprechen heikler Punkte und mit genauen Prüfungen zurückhalten, bis Sie in der engeren Wahl sind. Macht der Anbieter Druck, aber wollen Sie sich noch etwas Zeit verschaffen, sprechen Sie mit ihm einen möglichst späten Notartermin ab. In der Zeit davor können Sie Ihre Prüfungen erledigen. Absagen können Sie notfalls immer noch.

Frage 6
Wie stelle ich sicher, dass ich kein Objekt mit verborgenen Schäden kaufe?

Wenn Ihnen offen zutage liegende Schäden ins Auge springen, weckt das den Verdacht auf weitere, oft verborgene. Bei einem solchen Verdacht sollten Sie einen Experten hinzuziehen. Ist der Anbieter nicht zu einer Tiefenanalyse bereit, lassen Sie sich auf keinen Fall zu einem Kauf drängen. Denn in der Regel legt der spätere Kaufvertrag fest, dass eine Immobilie gekauft wird „wie gesehen". Das heißt: Mängel, die Sie als Käufer erkannt haben oder hätten erkennen können, fallen dann Ihnen zu Lasten. Nur für Mängel, die Ihnen der Verkäufer arglistig verschwiegen hat, muss er dann aufkommen. Bei Neubauten vom Bauträger ist die Abnahme das entscheidende Ereignis. Hier haben Sie bei später entdeckten Schäden bessere Karten als bei einem Neubau.

Frage 7
Wann kläre ich die Finanzierung meiner Immobilie?

Sie können jederzeit mit Banken oder Kreditvermittlern Kontakt aufnehmen, Vermögen und Einkommen schildern und ein erstes Echo über Ihr Kreditpotenzial erhalten. Das kann sich bei einem Bieterverfahren (siehe auch „Bieterverfahren", Seite 54) oder auch bei einer Zwangsversteigerung (siehe „Zwangsversteigerung", Seite 26) durchaus positiv auswirken und Ihnen Sicherheit geben. Richtig verhandeln können Sie mit den Banken und Kreditgebern aber erst, wenn Sie ein konkretes Kaufangebot haben. Erst dann wissen Sie, wie hoch der Kaufpreis wirklich ist und was an Kosten noch hinzukommt: Je nach Bundesland können das bis zu acht Prozent an Steuern und Gebühren sei, dazu bis über sieben Prozent für den Makler. Einkalkulieren müssen Sie auch eine Phase mit gleichzeitigen Zahlungen für die Miete der alten Wohnung und den Kredit der neuen, außerdem die Kosten für Umzug, Renovierung und Möbel, und nicht zuletzt, bei Gebrauchtimmobilien, Reparaturen und Modernisierung.

Frage 8
Was ist das Wichtigste beim Kredit?

Grundlage der Verhandlungen ist die Kredithöhe. Diese sollte möglichst nicht mehr als 80 Prozent des Kaufpreises ausmachen. Zudem sollten Sie wissen, wie hoch Ihr Eigenkapital ist und welche Kreditrate Sie sich monatlich leisten können (siehe „Das können Sie sich leisten", Seite 15). Neben der Zinshöhe zählen die Dauer der Zinsbindung, Ihr Spielraum bei der Tilgung und Ihre Belastung durch sie, die Kosten für eine späte und ratenweise Auszahlung und mehr. Ermitteln Sie zunächst Ihre eigenen Prioritäten und suchen Sie den möglichst maßgeschneiderten Kredit dafür. Prüfen Sie, ob ein Bausparvertrag zuteilungsreif und sein Darlehenszins niedrig ist, ob Sie ein Riester-Vertrag nutzen können oder andere staatliche Förderungen für Sie infrage kommen.

Frage 9
Was macht der Notar, und wie finde ich den richtigen?

Der Notar soll die neutrale Instanz beim Kauf einer Immobilie darstellen. Seine Aufgabe ist es, durch das gesamte Kaufgeschäft zu führen. Er setzt den Kaufvertrag auf und beglaubigt ihn nach Verlesung in Anwesenheit aller Vertragspartner und wenn keine Änderungswünsche mehr angebracht werden. Dabei muss er unparteiisch alle rechtlichen Fragen beantworten. Danach beginnt aber erst die eigentliche Arbeit für den Notar: Er kümmert sich etwa um die Auflassungsvormerkung im Grundbuch und die dafür nötigen Unterlagen, schickt eine Kopie des Kaufvertrags an das Finanzamt, fordert zur Zahlung des Kaufpreises auf usw. (siehe „Der Notar", Seite 76). Der Notar sollte nicht erkennbar eng mit dem Verkäufer oder Käufer verbandelt sein. Haben Sie Zweifel, dass er neutral ist, lassen Sie den Vertrag von einem zweiten Notar prüfen.

Frage 10
Was sollte auf jeden Fall im Kaufvertrag stehen und was nicht?

Das Objekt sollte genau und richtig bezeichnet sein und der Kaufpreis wird erst an den Verkäufer ausgezahlt, wenn für Sie eine Auflassungsvormerkung im Grundbuch steht (siehe „Kaufvertrag", Seite 78). Wichtig sind auch der Übergabezeitpunkt, in der Regel mit der Löschung von Verkäufer-Grundschulden oder, beim Erwerb vom Bauträger, die Verbindung mit dem Hausbau. Im Kaufvertrag sollten auch etwaige Nebenabreden stehen, wie etwa die Übernahme einer Küche oder anderer Möbel. Nicht im Kaufvertrag sollten hingegen der Makler mit seinem Provisionsanspruch stehen, ferner eine Bemerkung des Notars, er habe das Grundbuch nicht eingesehen, oder die Behauptung von Mängelfreiheit oder die Freistellung des Verkäufers von allen Mängeln.

Suchen und finden

Der Weg zu Ihrer künftigen Immobilie verlangt eine klare Strategie. Am Anfang sollten Sie Ihre eigenen Bedürfnisse und Wünsche analysieren und sich an den regionalen Markt herantasten. Das bedeutet Preise, Trends und Angebote zu studieren. Ebenso wichtig ist es, Ihre finanziellen Möglichkeiten zu ermitteln, denn Eigenkapital und monatliches Budget setzen Grenzen für den Kaufpreis. Bei der anschließenden Suche nach einem Haus oder einer Wohnung kann es sich lohnen, die üblichen Wege zu verlassen.

Selbstanalyse: Die Suche beginnt daheim

Am Anfang der Suche sollten Sie sich fragen: Wie viel Wohnraum brauchen Sie? Und welchen Bedürfnissen von heute und morgen soll Ihr künftiges Heim genügen?

Lieber kaufen oder bauen?

Bevor Sie in Immobilienportalen nach geeigneten Objekten fahnden oder die Showrooms der Bauträger besuchen, haben Sie in der Regel schon für sich geklärt, ob Sie lieber in ein fertig gebautes oder geplantes Haus oder eine Wohnung ziehen oder nach Ihren Wünschen eine Immobilie entwerfen und bauen lassen wollen.

Fertig gebaut – und trotzdem veränderbar

Dieses Set beschäftigt sich mit Häusern und Wohnungen, die Sie fertig gebaut oder vom Bauträger fertig geplant vorfinden. Wir wollen Sie dabei unterstützen, sie zu finden, ihre Brauchbarkeit und ihren technischen Zustand zu beurteilen, Sanierungsbedarf zu erkennen und schlummernde Potenziale zu wecken. Nicht Thema dieses Sets sind Häuser, die Sie auf freien Grundstücken selbst planen und realisieren – mithilfe eines Architekten oder einer Firma, die Ihnen Fertig- oder Typenhäuser bietet. Hier begleitet Sie „Das Bauherren-Handbuch“ der Stiftung Warentest durch alle Phasen von der ersten Idee bis zum Einzug und zum Bewohnen.

„Fertig gebaut“ oder „fertig geplant“ bedeutet nicht, dass Sie das Haus oder die Wohnung nehmen und bewohnen müssen, wie sie sind. Vor allem im Inneren gibt es oft großes Veränderungspotenzial: Wände können gezogen oder entfernt, Türen und sogar Decken durchgebrochen werden, wenn Sie zwei Etagen verbinden oder einen besonders hohen Raum gewinnen wollen. Auch technisch kann ein Großteil der älteren Häuser auf den Standard brandneuer gebracht werden. Manchmal kostet das aber mehr als der durchdachte Bau eines neuen Hauses, lohnt also nur bei einem Liebhaberstück.

Bestandsimmobilie: Oft Sanierungsbedarf

Hohe Decken, Stuck, Dielenböden oder Panoramafenster – im besten Fall zeigen Häuser schon im leeren Zustand Charme. Künftige Immobilienbesitzer sehen außerdem sofort, was sie später bekommen. Ein möglicher Vorteil beim Kauf einer gebrauchten Immobilie: Manchmal ist ein sofortiger Einzug möglich. Wenn das der Fall ist, gibt es keine Planungs- und Bauphase und damit nur eine kurze Phase der Doppelbelastung durch Miete und Kreditraten. Viele alte Gebäude haben jedoch einen hohen Sanierungsbedarf. Stromleitungen, Heizungsanlage und Dach sind oft verschlissen und technisch nicht auf dem neusten Stand.

Häuser aus den unterschiedlichen Bauepochen bringen für ihre Bewohner unterschiedliche Herausforderungen. Bei denkmalgeschützten Gebäuden müssen Sie auch geringfügige Änderungen vom Amt genehmigen lassen. In den 60er- und 70er-Jahren wurden Asbest und andere Materialien verbaut, von denen man heute weiß, dass sie gesundheitsschädlich sind (siehe „Besichtigen und prüfen“, ab Seite 31).

Raumbedarf: Zimmer, nicht Quadratmeter!

Essenziell, aber nicht ganz einfach ist die Schätzung Ihres künftigen Raumbedarfs. Gesamtfläche und Zimmerzahl sind die gängigen Maßstäbe. Allerdings sagt die Quadratmeterzahl einer Immobilie oft wenig darüber aus, ob die Räume für die Bedürfnisse der künftigen Bewohner passen. Eine intelligent geschnittene kleine Wohnung kann mehr Lebensqualität und Entfaltungsmöglichkeiten bieten als eine doppelt so große mit Durchgangszimmern oder Flächen ohne Tageslicht.

Auch für einzelne Zimmer gilt: Nicht die Größe allein entscheidet über die Nutzungsmöglichkeit, sondern die Grundform des Raumes, die Position und Größe von Türen, Fenstern und Heizkörpern sowie der Lichteinfall. All dies können Sie am besten vor Ort überprüfen. Vor Ihrer Suche sollten Sie sich deshalb nicht zu sehr auf das Flächenmaß für die Wohnung oder das Haus fixieren.

Eine viel verlässlichere Größe ist die Anzahl der Zimmer. Sie kennen Ihre Haushaltsgröße und wissen, ob sie sich voraussichtlich ändert – ob kleine Kinder kommen oder große gehen, ob Sie ein Extrazimmer für Gäste, Ihre Eltern oder später für Untermieter erwägen, die Ihre Rente aufbessern. Ein Homeoffice kann notwendig sein, ein eigener Hobbyraum kann glücklich machen.

AUSFÜLLHINWEIS

→ S. 99

Bedarfsanalyse

Ihren Bedarf an Wohn- und Nutzräumen können Sie auf dem Arbeitsblatt auf Seite 99 errechnen. Auch hier geht es um Räume – nicht um Quadratmeter. Natürlich ist auch die Raumprognose nicht für alle Zeit verlässlich. Fixieren Sie sich nicht ganz auf eine Zimmerzahl, sondern prüfen Sie dann bei Immobilien mit einem Raum weniger, ob sich ein Zimmer teilen oder für mehrere Zwecke nutzen lässt.

Umgebung und Verkehr: Kompromisse gefordert

Das ideale Umfeld einer Immobilie erlaubt einerseits ein von Dritten unabhängiges und unbeschwertes Leben. Es bietet andererseits all das, was man von anderen Menschen will und braucht. Da es aber die Einsiedlerhütte am Rathausmarkt nicht gibt, müssen Sie Ihren Kompromiss-Korridor definieren: Wie viel Distanz und Ruhe vor Dritten brauchen Sie? Welche Angebote möchten Sie in der Nähe vorfinden? Die Antwort weist den Weg in die Innenstadt, an den Stadtrand oder in stille Dörfer.

Sie müssen weder auf den Trubel der Großstadt noch auf Naturerlebnisse verzichten – wenn Sie bereit sind, viel unterwegs zu sein. Das kostet Geld (siehe „Verkehrskosten am zukünftigen Standort berechenen", Seite 39): In einigen Situationen sind mehrere Autos nötig, viel Sprit oder teure Pendlertickets. Dazu kommen viele Stunden auf den Straßen, im Nah- und Fernverkehr. Überlegen Sie, welchen Aufwand Sie in Kauf nehmen wollen. Der Preis für den Wechsel zwischen Stadt- und Landleben kann hoch sein.

Zeitperspektiven und Flexibilität

Manche Käufer suchen Immobilien für begrenzte Zeit. Das kann die Stadtwohnung zu zweit für die zehn Jahre bis zur Rente sein oder ein Haus mit Garten, bis die Kinder flügge sind. Raum- und Lagewünsche lassen sich klar bestimmen, auch wenn am Horizont schon der Verkauf steht.

Andere wollen ein Heim für lange Zeit, das für viele verschiedene Lebenslagen taugt. Je länger es passen soll, desto wichtiger sollte seine Flexibilität sein. Anpassungsfähig sind Häuser und Wohnungen mit mittelgroßen, vielfältig nutzbaren Räumen. Ideal sind Immobilien, die wachsen oder schrumpfen können – wo sich Räume teilen oder zusammenlegen lassen, wo man bei Bedarf eine kleine Wohnung abtrennen, ans Haus anbauen oder das Dach ausbauen kann.

Ein wichtiges Erfolgskriterium für Vermietung oder Weiterverkauf ist, ob die Immobilie auch für andere Nutzer attraktiv ist. Guter Durchschnitt hat dabei mehr Chancen als Extravaganz.

Haus mit Garten oder Eigentumswohnung?

In Haus und Garten aktiv zu sein, kann erfüllen – es verlangt aber stets Zeit, Geld und Energie. Wer umgekehrt die Pflege von Haus und Garten anderen überlässt, gewinnt Unabhängigkeit, schränkt aber seine Gestaltungsfreiheit ein. Das einsame Haus inmitten von Privatland und das Appartement im Hochhaus stehen für entgegengesetzte Lebensentwürfe von Immobilienbesitzern.

In Ihrem eigenen Haus können Sie viel selbst gestalten – Sie sind aber auch für vieles allein verantwortlich. Im Appartement werden Ihnen viele Arbeiten abgenommen, dafür sind Sie eingeschränkt: Die Gemeinschaft kommt vielleicht für die Reparatur Ihres Balkongeländers auf, verbietet aber Balkon-Markisen.

Ein Kompromiss könnte ein Reihenhaus mit eigenem Garten sein. Kleine, kompakte Gärten sind nicht nur kostengünstiger, sondern auch leichter zu pflegen als große. Und besonders bei frei stehenden Häusern täuscht die Größe des Gesamtgrundstücks oft darüber hinweg, dass nur der hintere Teil als Garten nutzbar ist, da Vorgarten und Seitenflächen oft nur schmal und von draußen einsehbar sind – aber in ihrer Summe viele teure Quadratmeter beanspruchen können.

Wollen Sie Vermieter sein?

Eventuell kaufen Sie ein vermietetes Objekt – als Geldanlage oder weil Sie jetzt oder später selbst einziehen wollen. Bevor Sie eine vermietete Immobilie kaufen, sollten Sie prüfen, ob für Sie Folgendes gilt:

→ Die Geldanlage ist langfristig; es geht um stetige Erträge und nicht um schnellen Gewinn. Ihr anfangs investiertes Eigenkapital brauchen Sie für viele Jahre nicht.

→ Sie tragen gern Verantwortung für Haus oder Wohnung und respektieren die Menschen darin.

→ Kaufmännisches Denken und Handeln ist Ihnen nicht völlig fremd. Im Rahmen von Gesetz und Anstand denken Sie auch an Ihren eigenen Ertrag und Ihre Kosten.

→ Auch wenn Sie das Alltagsgeschäft einem Verwalter überlassen, sind Sie zu gelegentlichem Engagement bereit: Teilnahme an Eigentümerversammlungen, Besuche bei den Mietern, Auftragsvergabe an Handwerker.

Das können Sie sich leisten

Für den Immobilienkauf sind zwei Faktoren wichtig: Ihr aktuelles Vermögen und die Summe, die Sie monatlich aufbringen können. Beide Grenzen müssen Sie vorab exakt ermitteln.

Eigenkapital: Basis für den Immobilienkauf

Ihr eigenes Kapital für die Immobilie ist der finanzielle Grundstein. Je mehr Sie einsetzen können, desto mehr und desto günstigeren Kredit erhalten Sie. Eigenkapital können Sie unmittelbar in die Immobilie investieren – oder aber Sie behalten es und bieten es der Bank als Sicherheit für Ihren Kredit.

Zum Eigenkapital zählen alle Mittel, die Sie besitzen und privat aufbringen können, etwa, indem Sie es privat geliehen bekommen, beispielsweise von der Familie. Dazu zählen aber auch Immobilien, die Ihnen bereits gehören und die ganz oder weitgehend schuldenfrei sind.

Eine Faustregel lautet: Sie sollten 20 Prozent der Summe der Kauf- beziehungsweise Baukosten sowie die Erwerbs-Nebenkosten als Eigenkapital aufbringen können. Die Nebenkosten betragen je nach Bundesland rund acht Prozent des eigentlichen Immobilienpreises ohne Makler, bis zu 15 Prozent mit Makler. Wie teuer die Immobilie selbst nach dieser Faustregel sein darf, können Sie im Anhang auf unserem Arbeitsblatt errechnen.

Die Faustregel dient nur der Orientierung. Sie können mit weniger Eigenkapital auskommen, wenn Sie die Immobilie deutlich unter Marktpreisen erhalten, zum Beispiel von Verwandten (Mehr zu den Marktpreisen im Kapitel „Markt und Preisniveau kennen“, S. 19). Sie brauchen auch dann weniger Eigenkapitel, wenn Ihr Einkommen und Ihr sonstiges Vermögen hoch sind und Sie womöglich mit anderen Immobilien den Kredit absichern können. Dann ist im Extremfall sogar ein Kredit in Höhe des gesamten Kaufpreises möglich. Umgekehrt brauchen Sie deutlich mehr Eigenkapital als die 20 Prozent des Kaufpreises, wenn die Immobilie gemessen am örtlichen Marktniveau teuer ist. Und natürlich auch dann, wenn Sie sich hohe Kreditraten schlicht nicht leisten und daher weniger Geld leihen können.

Was als Darlehenssicherheit taugt

Da das Eigenkapital möglichst hoch sein muss, sollten Sie alle dafür tauglichen Mittel mobilisieren. Es gibt jedoch auch Vermögensbestandteile, die nicht als Eigenkapital taugen oder einsetzbar sind. Hierzu zählt vor allem langfristig angelegtes Geld, an das Sie nicht oder nur mit größerem Verlust herankämen. Für die Immobilie können Sie es dennoch indirekt einsetzen: Bieten Sie es der Bank als Sicherheit, die das Institut im Fall Ihrer Zahlungsunfähigkeit erhalten würde. Gleiches gilt auch für schuldenfreie Immobilien, die Sie bereits besitzen. Derartige Sicherheiten können einerseits den möglichen Kreditrahmen erhöhen; andererseits können sie auch die Kreditzinsen senken.

Kredit: Was ist möglich?

Den größeren Teil des Kaufpreises müssen Sie in der Regel von der Bank leihen. Wie viel Sie erhalten, hängt von Ihrer Zahlungsfähigkeit für die monatlichen Raten ab. Zu diesen kommen nach dem Immobilienkauf weitere regelmäßige Ausgaben hinzu, die Sie schon jetzt grob kalkulieren können. Nicht nur das Eigenkapital begrenzt den Kaufpreis – auch die monatlichen Kosten, die Sie nach dem Erwerb tragen müssen, setzen Ihnen Grenzen.

Die größte Position bei der Berechnung sind in der Regel die Kreditraten, doch es kommen noch viele andere Ausgaben dazu, die Sie im Blick haben müssen. Dazu gehören Kosten für Reparaturen und Modernisierungen und der laufende Aufwand für Heizung, Wasser, Strom, Müllabfuhr und Grundsteuern. Bedenken Sie, dass diese Ausgaben an Ihrem neuen Wohnort deutlich höher ausfallen können, als Sie es gewohnt sind. Das gilt insbesondere für Verkehrskosten, wenn Sie von der Stadt aufs Land ziehen. Auf dem Formular zur Schätzung Ihrer künftigen monatlichen Kosten haben wir die Zusatzkosten mit 3,50 Euro pro Quadratmeter und Monat angesetzt.

Kreditraten setzen sich aus Zins und Tilgung zusammen und sind in aller Regel jeden Monat gleich hoch (mehr dazu im Kapitel „Kredit-Bausteine: Das Optimum gestalten", Seite 61). Um aus der von Ihnen tragbaren monatlichen Rate abzuleiten, wie hoch Ihr Kredit sein kann, müssen Sie noch zwei Prioritäten für sich setzen. Erstens: Wollen Sie lieber die Sicherheit längerfristig fester Zinsen und Kreditraten – und dafür einen höheren Zins in Kauf nehmen – oder wollen Sie lieber niedrige Zinsen und gehen das Risiko ein, dass sie in einigen Jahren stark steigen? Die zweite Entscheidung: Wollen Sie Ihren Kredit lieber rasch und mit hohen monatlichen Raten tilgen oder lieber langsam in niedrigen Raten? Niedrige Tilgungsraten wirken bequem und besser tragbar – allerdings zahlen Sie sehr lange, bis Sie schuldenfrei sind. Im theoretischen Extremfall mit je einem Prozent Zinsen und Tilgung kann dies fast 70 Jahre dauern. Wer es kann, sollte darum lieber monatlich mehr tilgen.

UNSER RAT

Steuern nicht vergessen!

Auf Kapitalerträge fällt eine Steuer von 25 Prozent plus 0,55 Prozent Solidaritätszuschlag an. Das gilt auch für Kursgewinne: Ist der Kurs Ihres Wertpapiers seit dem Kauf gestiegen, wird Ihnen der 25-Prozent-Anteil am Anstieg beim Verkauf direkt abgezogen; Sie selbst erhalten nur den Netto-Erlös.

Kreditrate und Kredithöhe

Wenn Sie Ihre maximal mögliche Kreditrate errechnet haben, können Sie daraus mithilfe der Tabellen die für Sie maximale Kreditsumme ermitteln. Dazu sind für die Tabellen drei Werte berücksichtigt, die sich nach Ihrer individuellen Situation und nach der Marktlage ändern können:

→ In der linken Spalte haben wir die maximale Höhe der Kreditrate angesetzt – für Sie das Ergebnis der Berechnung auf Arbeitsblatt 103.

→ In der oberen Zeile sehen Sie unterschiedliche Zinssätze. Den besten für Sie ermitteln Sie über bankenunabhängige Kreditvergleichsportale. Unsere Zeitschrift Finanztest testet regelmäßig die Kreditkonditionen vieler Anbieter. Auf der Themenseite www.test.de/thema/immobilienkredite finden Sie die neusten Untersuchungsergebnisse und Informationen, worauf Sie bei der Auswahl des Kredits besonders achten müssen.

→ Im Formular finden Sie als Kreditsumme das maximal Fünffache Ihres Eigenkapitals, eine zehnjährige Zinsbindung und zwei Anfangstilgungen. Daraus ergibt sich ein ungefährer Zins. Da in den oben genannten Quel-

Maximale Kreditsumme

Anfangstilgung 2 Prozent

Zins / Monatliche Kreditrate	1	1,5	2	2,5	3
500	200 000	171 429	150 000	133 333	120 000
750	300 000	257 143	225 000	200 000	180 000
1 000	400 000	342 857	300 000	266 667	240 000
1 250	500 000	428 571	375 000	333 333	300 000
1 500	600 000	514 286	450 000	400 000	360 000

Anfangstilgung 3 Prozent

Zins / Monatliche Kreditrate	1	1,5	2	2,5	3
500	150 000	133 333	120 000	109 091	100 000
750	225 000	200 000	180 000	163 636	150 000
1 000	300 000	266 667	240 000	218 182	200 000
1 250	375 000	333 333	300 000	272 727	250 000
1 500	450 000	400 000	360 000	327 273	300 000

_______________ ermittelter Maximalkredit

_______________ Maximalkredit + 20 % = maximaler Kaufpreis aus Kreditsicht

len die günstigsten Anbieter genannt werden und Zinsen steigen können, schlagen Sie vorsichtshalber 0,25 Prozentpunkte drauf.

→ Wenn Sie nur sehr langsam tilgen können oder wollen, wählen Sie die obere Tabelle mit 1 % jährlicher Anfangstilgung.

→ Wenn Sie zügiger tilgen können oder wollen, wählen Sie die untere Tabelle.

→ Ermitteln Sie aus Ihrer Rate und Ihrem Zinssatz die Höhe Ihres möglichen Darlehens.

Schlussfolgerung: Was Ihre Immobilie kosten darf

Sehen Sie unten auf Arbeitsblatt S. 101 nach, wie hoch Ihr Kredit aus Sicht des Eigenkapitals sein darf. Vergleichen Sie dies mit dem gerade eben ermittelten maximalen Kaufpreis aus Kreditsicht. Sie erhalten in der Regel zwei unterschiedliche Summen. Die niedrigere ist Ihr maximal möglicher Kaufpreis, den Sie nun für die Immobiliensuche ansetzen können.

_______________ Maximaler Kaufpreis

→ S. 101

Ausfüllhilfe Budget-Ermittlung

Verschaffen Sie sich zuerst eine Übersicht über Ihr gesamtes Geldvermögen. Schließen Sie auch Guthaben ein, das Sie nicht für die Immobilie vorgesehen haben, sondern zum Beispiel für die Altersvorsorge bewahren möchten, wie Lebensversicherungen oder Riester-Verträge.

Was Sie direkt einsetzen sollten

Girokonten und Tagesgeld: Dieses Geld ist am leichtesten zu mobilisieren. Sie müssen darauf achten, dass Sie flüssig genug für Ihre laufenden Ausgaben bleiben. Eine Notfall-Reserve von mindestens zwei Monats-Nettoeinkommen zurückzuhalten, ist wichtig.
Aktien, Anteile von Aktien- oder offenen Immobilienfonds sowie Derivate (Zertifikate, Optionsscheine usw): Wollen Sie sofort Orientierung über den Wert als Eigenkapital, ziehen Sie vom ausgewiesenen Kurswert auf dem Depotauszug vorsichtshalber fünf Prozent für noch mögliche Kursrückgänge und Verkaufsspesen ab. Außerdem müssen Sie die Steuer auf den Kursgewinn berücksichtigen (siehe Kasten „Steuer nicht vergessen"). Nach der Veräußerung finden Sie den Nettoerlös auf Ihrem Giro- oder Verrechnungskonto – die Steuer ist bereits abgezogen. Sie können den erhaltenen Erlös voll zum Eigenkapital zählen.
Anleihen: Hier können Sie den Kurswert auf dem Depotauszug minus einem Prozent Kursrisiko und Spesen ansetzen. Auch hier müssen Sie an die Kapitalertragsteuer auf Kursgewinne denken.
Bausparguthaben: Die Summe auf dem letzten Jahres-Kontoauszug und Ihre Einzahlungen seit diesem Zeitpunkt können Sie eins zu eins als Eigenkapital ansetzen. Mehr zur Zuteilungsreife auf Seite 65.
Riester-Mittel: Guthaben auf Riester-Konten können Sie ebenfalls einsetzen. Mehr dazu im Kapitel „Wohn-Riester" auf Seite 66.
Verwandtendarlehen: Diese Darlehen sind zinslos oder niedrig verzinst, in der Regel werden sie nicht im Grundbuch besichert.
Arbeitgeberdarlehen: Einige Unternehmen unterstützen Mitarbeiter mit Baudarlehen. Diese können Sie als Eigenkapital ansetzen, wenn keine oder nur eine „nachrangige" Grundschuld hinter anderen Gläubigern (siehe Kapitel „Grundbuch") verlangt wird.

Was als Sicherheit dient

An Festgeld und Geld in Sparplänen mit langjähriger Bindung kommen Sie in der Regel nicht heran. Sie können aber prüfen, ob Sie diese Guthaben in den nächsten Jahren als Sicherheit für einen Sonderkredit oder eine Sondertilgungsrate einsetzen.
Bei Lebensversicherungen sollten Sie bei der Versicherung den aktuellen Rückkaufswert erfragen. Er drückt aus, was Sie bei Kündigung erhalten würden oder in welchem Umfang Sie die Lebensversicherung als Sicherheit einsetzen können.
Schuldenfreie Grundstücke, Wohnungen und Häuser: Wollen Sie diese als Darlehenssicherheit einsetzen, sollten Sie vorsichtshalber 20 Prozent von den Marktwerten abziehen. Mehr akzeptiert möglicherweise die Bank nicht.

Kreditrate: Auf dem Arbeitsblatt Seite 103, können Sie die Höhe Ihrer möglichen Kreditrate berechnen. Hierzu müssen Sie alle Einnahmen in Ihrem Haushalt und auch alle Ausgaben wie für Lebensführung oder Versicherungen in den Blick nehmen.

Suche: Die richtige Strategie

Die Recherche auf dem lokalen Markt kostet zwar Zeit, bewahrt Immobilienkäufer aber vor überteuerten Angeboten. Wichtig ist es, sich nicht nur auf das Internet zu verlassen.

Markt und Preisniveau kennen

Wer ermitteln will, ob ein bestimmtes Immobilienangebot günstig oder teuer ist, sollte dazu den regionalen Markt und sein Preisniveau kennen. Dafür gibt es diverse Informationsquellen – aber nicht alle sind zuverlässig.

Der Anzeigenmarkt: Preise oft überhöht

Auf den ersten Blick scheinen Immobilien-Plattformen und die mittlerweile stark geschrumpften Anzeigenseiten der Zeitungen einen umfassenden Eindruck von Qualität und Preis der angebotenen Immobilien einer Region zu vermitteln. Doch das stimmt nur zum Teil: Die Anzeigen betonen in der Regel die Vorteile der Immobilien und verschweigen ihre Nachteile. Die Qualitäten der Immobilien sind deshalb oft niedriger, als einem vermittelt wird. Außerdem spiegeln die geforderten Preise nicht die Wirklichkeit auf dem Immobilienmarkt wider, sondern die Wünsche und Hoffnungen der Anbieter.

Eine Faustregel: Je individueller und eigenwilliger das Objekt ist, desto überhöhter ist oft die Forderung des Verkäufers. Mit entsprechender Vorsicht sind auch die mittleren Marktpreise zu betrachten, die von Immobilienportalen genannt werden. Auch dabei handelt es sich lediglich um Angebotspreise und nicht um Preise, die auf dem Markt tatsächlich erzielt wurden.

Preisspiegel: Zur ersten Annäherung gut

Zahlreiche Verbände und Institute bieten Preisspiegel. Diese richten sich vor allem an professionelle Akteure: an Banken, Bauträger, Projektentwickler und große Makler. In der Regel handelt es sich um bundesweite Übersichten, die aber auch regional oder lokal aufgeschlüsselt sein können.

Fast immer werden in den Preisspiegeln nur Mittelwerte oder Spannen genannt. Manchmal sind Angebotspreise Grundlage der Übersichten, manchmal auch die Marktpreise von getätigten Käufen oder auch Schätzwerte. In bundesweiten Übersichten ist die Datengrundlage für kleinere Städte meist bescheiden. Vergleichsweise fundiert und methodisch nachvollziehbar wirken dagegen der IVD-Wohnpreisspiegel, die Empirica-Preisdatenbank, der f+b-Marktmonitor und die kostenfreie Publikation „Markt für Wohnimmobilien" der LBS-Landesbausparkassen. Alle genannten Quellen bieten Kaufinteressenten Material zur ersten Annäherung an das örtliche Preisniveau.

Gutachterberichte: Fundiert, aber schematisch

Regionale oder lokale Gutachterausschüsse sammeln auf gesetzlicher Grundlage die Grundstückswerte sämtlicher Immobilienkaufverträge in ganz Deutschland. Die Ausschüsse verwerten das Material auf zwei unterschiedliche Weisen. Die erste ist die Darstellung sogenannter Bodenrichtwerte in Karten und Tabellen. Hier werden mittlere Kaufpreise für Grundstücke in einem Ort oder Ortsteil wiedergegeben, die in der

UNSER RAT

Ungewöhnliche Suchwege: Acht Tipps

Immobilientausch – Glückstreffer für Besitzer: „Biete dies, suche jenes" – das kann auf engen Märkten interessant sein. Vielleicht kommen Sie so als junge Familie an ein Haus, das ein älteres Paar mit flügge gewordenen Kindern aufgeben will. Und das Paar nimmt die Wohnung, die Ihnen zu klein geworden ist.

Augenschein – Mit wachem Blick durch die Stadt: Halten Sie auf Ihren Wegen die Augen offen nach Verkaufsschildern, leer wirkenden Häusern und Wohnungen, Baugruben und Rohbauten. Wo kein Verkäufer genannt ist, klingeln Sie, fragen Sie in der Nachbarschaft oder versuchen Sie es, indem Sie einen Brief einwerfen.

Verwalter – Nah an Verkäufern: Suchen Sie eine Eigentumswohnung, lohnt eine Rundmail an örtliche Verwalter. Sie wissen häufig, welche Eigentümer verkaufen wollen.

Banken – Meist mit Maklerprovision: In den Schaufenstern und Schaukästen von Banken hängen häufig Immobilienangebote, die aber zu den ortsüblichen Maklerprovisionen gehandelt werden.

Non-Profit-Anbieter – Soziale Ambitionen: Kirchen, Stiftungen oder gemeinnützige Vereine wollen ihren teils umfangreichen Grund- und Hausbesitz sozial einsetzen. Über die Vergabe entscheidet nicht allein Ihr Portemonnaie, sondern auch Bedarf und Bedürftigkeit – etwa von großen Familien.

Architekten – Tipps vom Baumeister: Architekten kennen das lokale Geschehen meist sehr gut; manche sind auch mit Projektentwicklern und Bauträgern verbandelt oder betreiben dieses Geschäft selbst.

jüngsten Vergangenheit erzielt wurden. Immobilienkäufer finden in der Darstellung einen recht zuverlässigen Indikator für den ortsüblichen Baulandpreis. Wenn aber ein Grundstück nicht ortstypisch ist, helfen die Bodenrichtwerte kaum weiter. Die Daten lassen sich oft online abrufen oder kostenfrei in der Geschäftsstelle des Gutachterausschuss einsehen, die oft im örtlichen Bau-, Vermessungs- oder Planungsamt untergebracht ist. Die meist großflächigen Bodenrichtwertkarten für ganze Städte oder Landkreise kosten dagegen Geld.

Das zweite wichtige Produkt der Gutachterausschüsse sind ihre Reports. Traditionell werden sie Grundstücksmarktberichte genannt, mittlerweile häufig auch Immobilienmarktberichte.

Die Berichte erscheinen in einwohnerstarken Städten und Regionen jährlich, in ländlichen Gegenden mitunter nur alle drei Jahre. Auch sie bestechen durch ihre umfassende, auf real getätigten Verkäufen basierende Grundlage – nicht nur für Grundstücke, sondern auch für Einfamilienhäuser und Eigentumswohnungen. Auch hier gilt: Das Preisniveau ortsüblicher Immobilien ist gut ermittelbar, ein angemessener Preis für ein außergewöhnliches Gebäude oder Grundstück jedoch nicht.

Die Kosten der Grundstücks- oder Immobilienmarktberichte schwanken von Ort zu Ort. Informationen zu den Ausschüssen und zu allen regionalen Gremien gibt es unter www.gutachterausschuesse-online.de/. Dort können Sie über eine Deutschlandkarte das Bundesland auswählen und gelangen dann auf die Internetseiten der jeweiligen Gutachterausschüsse.

Suche auf vielen Wegen

Die Wunschimmobilie lässt sich auf unterschiedliche Weisen finden: zum Beispiel über die Suche auf Internet-Plattformen oder durch eine persönliche Anfrage bei der Kirche nebenan. Probieren Sie auch ungewöhnliche Methoden aus (siehe „Ungewöhnliche Suchwege: Acht Tipps"). Mit ein wenig Glück finden Sie so eine ganz besondere Immobilie, die nur wenige Suchende auf dem Schirm haben.

Internet-Portale: Nicht immer treffsicher

Die Anzahl der interessanten Internetsuchportale hat sich in den letzten Jahren deutlich reduziert. Bundesweit bedeutsam sind nur noch Immobilienscout24.de sowie Immowelt.de, das mit Immonet.de fusioniert ist. Beide Portale reklamieren für sich jeweils mehr als eine Million Angebote. Die Zahl lässt sich kaum überprüfen. Fest steht aber, dass beide Plattformen heute mit Abstand die meisten Immobilienangebote in Deutschland zeigen.

Bei beiden ist der Sucheinstieg einfach und das Suchraster anfangs grob. Verfeinern lässt sich die Suche nach Anzeige der ersten Ergebnisse über den Button „Weitere Kriterien wählen" bei Immowelt/Immonet und „Suche anpassen" bei Immobilienscout 24. Nicht immer jedoch entspricht die Trefferliste den Suchkriterien: Wer „unvermietet" als Suchkriterium anklickt, erhält auch jede Menge Angebote von vermieteten Wohnungen, und unter „provisionsfrei" finden sich auch Maklerinserate, die bei näherem Hinsehen doch provisionspflichtig sind. Umgekehrt können Angebote ohne Mieter oder Makler auch in den entsprechenden Listen fehlen. Wer kein Angebot verpassen will, kann nur mit einem sehr groben Suchraster arbeiten und die Angebote einzeln ansehen. Sie können sich auf den Portalen persönliche Profile mit Ihren Suchkriterien einrichten. Sie erhalten dann zeitnah nach Veröffentlichung eines Inserats eine Meldung. Aber auch hier stimmen oft die Angebote nicht zu 100 Prozent mit den Wunschkriterien überein und man muss nochmals genau hinschauen und aussortieren.

In beiden Portalen wirken die eigentlichen Inserate etwas unübersichtlich. Inhalte vom Verkäufer sind nicht immer klar von der Eigenwerbung der Portale und Fremdwerbung getrennt. Wichtige Angaben wie der Vermietungsstatus oder der Grundriss zum Downloaden sind versteckt, unwichtige wie die Inseratnummer oder Ausstattungsmerkmale werden dagegen hervorgehoben.

Zeitungsanzeigen: Keine Alternative mehr

Auch im Zeitalter der Internet-Börsen gibt es noch die Anzeigenspalten mit knappen Angaben und manchmal unverständlichen, von Ort zu Ort wechselnden Kürzeln. Die früher dominierenden Zeitungsanzeigen sind allerdings ein Nischen-Marktplatz geworden. Doch vor allem ältere Verkäufer inserieren nach wie vor gern. Versuchen Sie bei interessant wirkenden Anzeigen ein Exposé oder mündlich nähere Auskünfte zu erhalten. Das kann vergebliche Besichtigungen ersparen, denn die ausführlicheren Informationen erhalten mitunter K.-o.-Kriterien.

Hörensagen und Social Media: Hoffen auf Empfehlung

Erzählen Sie jedem, den es nicht nervt, von Ihrer Immobiliensuche. Natürlich nicht nur mündlich, sondern mit allen elektronischen Mitteln, die Sie nutzen – Facebook-Profil, Twitter, Ihre Websites und Blogs oder mit einer E-Mail an Ihren gesamten Verteiler am Suchort. Das funktioniert natürlich nur, wenn Ihre potenziellen Empfänger Ihre Botschaft auch zur Kenntnis nehmen, was bei der Lawine von Botschaften in den verschiedenen Kanälen durchaus ungewiss ist. Ein Versuch kann es aber wert sein.

Gesuche: Zettel ja, Anzeigen eher nicht

Sie können selbst im Netz oder in einer Zeitung inserieren. Allerdings lesen auf Märkten mit knappem Angebot viele Anbieter keine Suchanzeigen – sie wollen nicht nur einen Kaufinteressenten, sondern viele, und die finden sie auch so. Auf Märkten mit einem Angebotsüberhang wiederum brauchen Sie keine Suchanzeige, denn hier werden Verkaufsobjekte intensiv beworben.

Origineller und kostengünstiger sind individuelle Gesuche: Zum Beispiel ein Aushang in dem Quartier, in das Sie ziehen möchten oder ein Banner am Auto. Aufmerksamkeit erzielen Sie mit einer persönliche Note, etwa mit einem von einem Kind gezeichneten Haus, wenn Sie ein Heim für die junge Familie suchen.

Wenn die Preise zu hoch sind: Kompromisse

Nachdem Sie Ihren maximal möglichen Kaufpreis, Ihren Bedarf und die Marktpreise vor Ort ermittelt haben, stellen Sie womöglich fest: Was Sie sich wünschen, ist zu teuer für Sie. Doch das ist kein Grund zum Aufgeben: Sie können Abstriche machen, die nicht viel Wohnqualität nehmen, aber die Preise deutlich senken.

Die meisten Käufer von Häusern und Wohnungen haben am Ende nicht die Traumimmobilie erworben, auf die sie anfangs hofften. Trotzdem fühlen sie sich in der Regel wohl, denn sie haben dort verzichtet, wo es wenig wehtut. Diese Punkte liegen allerdings bei jedem woanders. Kompromisse sind vor allem auf folgenden Feldern möglich:

Größe

Hier geht es vor allem darum, kleinere statt große Räume zu wählen und auf intelligente Raumaufteilungen in Wohnungen und Häusern zu setzen (zur Prüfung von Grundrissen mehr auf Seite 34). Erst an zweiter Stelle kommt der Verzicht auf ein oder mehrere Zimmer infrage. Er ist vor allem dann möglich, wenn die vorgesehene Nutzung auch in einem für anderes vorgesehenen Raum möglich ist – vielleicht kann ein Computer-Arbeitsplatz ins Wohn- oder Schlafzimmer gelegt werden.

Lage

Zwischen den Immobilienpreisen von Stadtteilen oder Orten gibt es oft Unterschiede, die nichts mit deren Qualitäten zu tun haben. Wenn Sie Ihr räumliches Spektrum erweitern, stellen Sie womöglich fest, was für angenehme Winkel auch ein nicht ganz so beliebter Stadtteil haben kann. In einem scheinbar langweiligen Mittelklasse-Quartier oder neben einer Sozialbausiedlung kann es sehr angenehme Nachbarschaften mit hübschen kleinen Häusern geben. Es lohnen sich also auch Ausflüge in bislang unbeachtete Stadtteile und Orte, vielleicht auch in entferntere als bisher geplant. Beachten Sie aber, dass die Verkehrskosten später nicht zu hoch werden und Ihr potenzieller Wohnort gute Verbindungen bietet (siehe Seite 39).

Grundstücke

Vor allem der Wechsel vom frei stehenden Wunschhaus zum Doppel- oder Reihenhaus spart oft viel Kosten, während die Wohnqualität kaum abnimmt. Denn Käufer verzichten dabei vor allem auf Grundstücksteile an den Seiten, die nur eingeschränkt nutzbar sind, aber insgesamt viele teure Quadratmeter beanspruchen. Dagegen spart der Wechsel vom Reihenhaus zur Eigentumswohnung oft nicht viel, bedeutet aber den kompletten Verzicht auf ein privates Stück Erde. Suchen Sie auch nach Immobilien in der zweiten Reihe. Dort können Häuser oder Wohnungen deutlich günstiger sein und der Wohnwert ist oft gar nicht viel schlechter.

Ausstattung

Bei der Ausstattung ist Verzicht meist nur dort akzeptabel, wo man bisher von Luxus geträumt hat. Vor einem Wechsel von mittleren zu einfachen Standards ist zu bedenken, dass letzterer oft eher verschleißt oder – zum Beispiel bei Fenstern und Wänden – später Heiz- oder andere Betriebskosten erhöht.

Private Ausgaben

Wer ganz klare Vorstellungen von seiner Wunschimmobilie hat und diese unbedingt realisieren will, kann Abstriche bei anderen Ausgaben machen – und so das Wohn-Budget erhöhen. Alltägliche Güter können vielleicht schlichter sein; Einschränkungen bei großen Kostenbrocken wie Auto, Urlaub oder neuen Möbeln sind möglich; Versicherungs- und Sparpläne müssen vielleicht nicht mehr bedient werden, wenn die Immobilie den neuen Vorsorge-Kern bildet.

Zeithorizont

Bevor Sie ein Immobilienprojekt komplett aufgeben, sollten Sie einen Aufschub erwägen. In der kommenden Zeit können Sie mehr Eigenkapital bilden, vielleicht steigt auch Ihr Einkommen. Und sie können sich auf die Lauer legen, um bei einem Immobilien-Schnäppchen zuzugreifen oder Ihr Glück auf Versteigerungen zu versuchen (siehe „Zwangsversteigerung", Seite 26).

Makler-Aufträge für die Suche

Wenn Sie nicht selbst suchen können oder wollen, lohnt sich eventuell der Auftrag an einen Makler, der bei Erfolg Provision erhält. Für bestimmte Fälle sollten Sie vorsorgen – vor allem dafür, dass Sie nicht mehrere Provisionen für dasselbe Objekt zahlen müssen.

Suchauftrag: Schriftlich absichern

Wenn Sie bisher weit weg von ihrem künftigen Wohnort leben oder aus anderen Gründen nicht selbst suchen können, können Sie auch einen Makler damit beauftragen. Studieren Sie vorher seine Website. Je mehr passende, erst recht je mehr exklusive Angebote er dort anbietet, desto größer ist die Chance, dass er auch für Sie etwas findet. Ein Hinweis auf die Qualität eines Maklerbüros kann auch sein Alter oder können Aktivitäten wie die Herausgabe lokaler Marktberichte sein. Einen gewissen Mindeststandard reklamieren für sich die Mitglieder des Maklerverbands IVD, aber auch hier sind Qualität und Engagement nicht garantiert.

Beim Maklerkontakt lauern Fallen, in die Sie nicht stolpern sollten. Dem dient ein Schreiben, für das wir im Anhang auf Seite 105 ein Muster vorschlagen. Sie vermei-

AUSFÜLLHINWEIS

→ S. 105 **Makler-Suchauftrag**

Es empfiehlt sich für den Makler einen offiziellen Auftrag zu verfassen, um sich abzusichern. Hier finden Sie dafür einen Musterbrief.

CHECKLISTE

Informationen für den Makler

Bevor Sie einen Makler kontaktieren, müssen Sie natürlich selbst ermittelt haben, was Sie wollen. Je konkreter Sie werden, um so passgenauer kann der Makler Vorschläge finden:

- ☐ Immobilientyp und -größe
- ☐ Preisspanne
- ☐ Großräumige Lage
- ☐ Vorlieben für bestimmte Stadtteile
- ☐ Anforderungen und Wünsche an die Ausstattung, die Bauweise oder das Alter Ihrer künftigen Immobilie

den damit mehrfache und unnötige Provisionszahlungen.

Achtung: So oder so kann der Makler schon Ihre erste Anfrage als Auftrag werten, der bei erfolgreicher Vermittlung zur Provisionspflicht führen kann. So hat auch der Bundesgerichtshof entschieden: Wer „sich an einen gewerbsmäßigen Makler wendet und Dienste im Sinne eines Suchauftrags erbittet“, hat damit schon ein Vertragsangebot gemacht – das der Makler mit seiner Suche annimmt (Aktenzeichen des Urteils: III ZR 96/09). Grundsätzlich abzuraten ist von einem Such-Alleinauftrag für den Makler. Entdeckt man nämlich während der Laufzeit ein Objekt bei einem anderen Makler, dann können beide Provision verlangen – ebenso beim Kauf eines Objekts, das Ihr Vermittler über einen anderen Makler gefunden hat.

Wann doppelte Provision droht

Egal, ob ein Makler von Ihnen beauftragt ist oder nicht: Manchmal empfiehlt er Ihnen ein Objekt, das Sie schon aus einer anderen Quelle kennen. Bitten Sie dann diesen Makler um weitere Informationen oder Leistungen, kann er von Ihnen nach dem Kauf Provision verlangen. War schon Ihre erste Informationsquelle ein Makler, droht Ihnen sogar doppelte Provisionszahlung.

Niemand sollte darum mehrere Makler wegen desselben Objekts kontaktieren. Kommt einem Suchenden ein Angebot auch nur entfernt bekannt vor, sollte genau geprüft werden, ob es dasselbe oder doch ein anderes ist. Manchmal stellt sich das aber erst heraus, nachdem Sie den Makler angesprochen haben. In diesem Fall brechen Sie sofort den Kontakt zu ihm ab und sichern Sie Beweise, dass Sie das Objekt schon kannten – etwa durch ein früher erhaltenes Angebot eines anderen Maklers, die Aussage eines Bekannten, der Ihnen den Tipp gegeben hat, oder die Bestätigung des Verkäufers, dass Sie ihn schon zu einem früheren Zeitpunkt kontaktiert haben.

Austricksen oft vergeblich

Es gibt Immobiliensuchende, die nach dem Studium eines Maklerangebots heimlich losziehen, Objekt und Verkäufer selbst ausfindig machen und dann behaupten, sie hätten Haus oder Wohnung nebst Eigentümer ganz allein ohne Maklerhilfe gefunden. Andere schicken Bekannte vor, die als Pseudo-Interessenten Anschrift und Verkäufer ermitteln. Der tatsächliche Kaufwillige geht dann direkt zu ihm. Findet der Makler das heraus, kann er auch in diesem Fall Provision verlangen.

Besondere Immobilien, spezielle Situationen

Es muss nicht immer ein Wohnhaus sein. Manch einer findet sein Glück in einem Fabrikloft oder in einer alten Kirche. Wer in solch einer Immobilie wohnen will, braucht viel Idealismus.

Gewerbe: Schnäppchen für Mutige

Oft lassen sich Gewerbe- oder andere Nutzbauten günstig erwerben und stilvoll umbauen. Werkstätten, Fabriken, Bürotrakte, ehemalige Schulen, historische Klöster und sogar stillgelegte Gefängnisse stehen oft leer, ohne dass sie öffentlich beworben werden. Ihr künftiges Heim muss also nicht unbedingt ein Wohnhaus sein.

Allerdings lauern beim Kauf solcher Immobilien einige Risiken: etwa die Gefahr, dass das Haus gar nicht zum Wohnen genutzt werden darf. Wenn Sie diesen Weg gehen wollen, brauchen Sie Findigkeit, Know-how, Mut und langen Atem. Und Sie sollten immer vor dem Kauf einen Architekten zurate ziehen.

Denn oft ist der Umbau zum Wohnen technisch schwierig, weil die Substanz marode ist oder Altlasten entsorgt werden müssen. Grundrisse, Treppen, Rohrsysteme oder Fenster und anderes taugen oft nicht für Wohnhäuser.

Genehmigung oft schwer zu bekommen

Ebenso wichtig sind die rechtlichen Fragen. Die Umnutzung eines Gewerbe- oder Nutzbaus zu einem Wohnhaus muss stets genehmigt werden. „Umnutzung" ist nicht das Gleiche wie die „Umwandlung" eines bereits bestehenden Wohnhauses in Eigentumswohnungen. Bei einer Umnutzung sind die aktuellen baurechtlichen Anforderungen an Wohnräume zu erfüllen – zum Beispiel an Raumhöhen, Brandschutz und Fluchtwege. All dies kann immense Umbauten erfordern – manchmal ist es räumlich-technisch schlicht unmöglich.

Wohnhäuser mit Betrieb – Leben im Gewerbegebiet

In Gewerbegebieten sind Grundstücke und Häuser oft billiger als in Wohngegenden. Wer dort wohnen will, muss sich mit den Vorgaben der örtlichen Stadtplanung auseinandersetzen, denn neue Wohnungen sind oft nicht zulässig. Die Behörden wollen verhindern, dass künftige Bewohner gegen Lärm, Geruch oder Erschütterungen klagen, die von umliegenden Betrieben ausgehen.

Das Problem lässt sich manchmal lösen, wenn ein Interessent in der künftigen Immobilie ein Gewerbe ausüben will und dann einen Teil der Flächen als Betriebswohnung deklarieren kann. Das Gewerbe muss nicht immer der Hauptberuf des Käufers sein – schon ein dauerhafter Online-Versand nach Feierabend kann reichen. Wichtig ist, dass sich Immobilienkäufer nicht an der oft rauhen Umgebung stören.

UNSER RAT

Bauvoranfrage stellen

Ob Neubau oder Umwandlung eines Altbaus – immer empfiehlt es sich, vor dem Erwerb im Bauamt eine „Bauvoranfrage" zu stellen. Sie klärt, ob ein Projekt grundsätzlich zulässig ist oder keine Chance auf eine spätere Baugenehmigung hat.

Zwangsversteigerung: Erfolg Glückssache

Wer beim Amtsgericht eine Immobilie ersteigern will, braucht Zeit und Kompromissbereitschaft. Das maßgeschneiderte Traumhaus findet sich hier kaum – mit etwas Glück aber ein Schnäppchen zu günstigen Preisen und mit niedrigen Nebenkosten. Der Immobilienerwerb per Zwangsversteigerung kommt für eher spielerisch veranlagte Interessenten infrage, die keinen Erwerbsdruck haben, jedoch Zeit und Risikobereitschaft mitbringen. Der vor der Auktion genannte Preis wirkt oft verlockend – ist aber nur das erforderliche Mindestgebot, das bei attraktiven Immobilien meist weit überboten wird.

Die Suche nach Objekten ist einfach: Diverse Internet-Portale listen Zwangsversteigerungen auf, darunter die amtliche Webseite der Justizbehörden: www.zvg-portal.de. Es kommt behördlich-nüchtern daher, erlaubt aber auch die Suche nach Immobilientypen und -größen und bietet beim Anklicken einzelner Objekte den bestmöglichen Service: Sachverständigengutachten mit allen wichtigen Informationen und mit Fotos und Lageplänen sind online abrufbar. Zu bedenken ist aber: Mitunter wird der Sachverständige nicht vorab ins Haus gelassen und kann den technischen und baulichen Zustand sowie den Grundriss nicht prüfen.

Vor-Ort-Recherche sinnvoll

Wenn die Lektüre Ihr Interesse geweckt hat, sollten Sie durch das betreffende Quartier laufen, Nachbarn fragen und nicht zuletzt freundlich bei den Bewohnern anrufen oder klingeln. Oft sind sie in einer Notsituation und wehren verständlicherweise ab. Wenn Sie aber Ihre Lage respektieren oder gar ein Gespräch über ihr künftiges Wohnen anbieten, wächst die Offenheit.

Private Plattformen und Makler: Kaum Zusatznutzen

Diverse private Plattformen bieten ebenfalls die Suche nach Versteigerungen im Netz. Sie sind optisch gefälliger und bieten allgemeine Zusatzinformationen, aber zum Objekt selbst keine weiteren Details als das amtliche ZVG-Portal.

Auch auf den großen Immobilienplattformen stoßen Sie immer wieder auf Versteigerungsobjekte. Die Initiatoren der Auktion – meist die Banken – versuchen damit zusätzliche Teilnehmer für den Versteigerungstermin zu gewinnen. In anderen Fällen inserieren Makler. Diese sollten Sie dann nicht direkt kontaktieren, denn dann verlangen sie womöglich Provision für die Vermittlung eines Objekts (siehe „Makler-Auftrag", Seite 23), auch wenn Sie es über das amtliche Portal gefunden haben. Zudem bieten die Makler in der Regel keine zusätzlichen Informationen.

Bei Interesse den Initiator vorher kontaktieren

Sollte Sie ein Objekt besonders interessieren, wenden Sie sich an den Initiator der Versteigerung, in der Regel die Bank. Bieten Sie relativ viel, kann er Ihnen das Objekt verkaufen und den Versteigerungstermin absagen.

Kommt es zum Termin, müssen Sie sich rechtzeitig vorher um die „Sicherheitsleistung" kümmern – in der Regel sind das zehn Prozent des Mindestgebots. Hierfür gibt es verschiedene Wege (Schecks und Bürgschaften), die hier nicht einzeln erläutert werden können. Oft ist es am unkompliziertesten, das Geld vorher zum Gericht zu überweisen – Kontonummer und Verwendungszweck finden sich bei den Objekten im amtlichen Portal. Wer die Immobilie nicht ersteigert, bekommt das Geld hinterher natürlich zurück.

Die Versteigerung: Spannung in Zahlen

Beim Termin selbst liest der Rechtspfleger zunächst ausführlich die Versteigerungsbedingungen vor, dann folgt die 30-minütige „Bietstunde". Spannend wird es meist gegen deren Ende, denn erst nach Ablauf dieser Zeitspanne kann das Gericht dem Meistbietenden den Zuschlag erteilen. Ist Ihr Gebot das höchste, erhalten Sie den Zuschlag und werden damit Eigentümer – und es gibt kein Zurück mehr. Gewährleistungsansprüche gibt es bei Zwangsversteigerungen nicht. Wenn Sie nach dem Zuschlag verdeckte Schäden oder Mängel feststellen, können Sie weder vom Erwerb zurücktreten noch den Preis mindern.

Einen Notarvertrag braucht es nicht; das Gericht führt Sie durch die noch zu erledigenden Schritte. Als erstes müssen Sie natürlich zur Bank und die Finanzierung festzurren. Das Gericht nennt Ihnen den Termin, bis zu dem Sie den vollen Kaufpreis zahlen müssen, in der Regel sind das zwei Monate.

UNSER RAT

Versteigerung: Taktische Tipps

1. Legen Sie vor dem Versteigerungstermin Ihr Höchstgebot fest, das Sie auf keinen Fall im Eifer des Bietgefechts übersteigen sollten.

2. Offenbaren Sie keinem Mitbieter die Höhe Ihres Höchstgebots.

3. Lassen Sie sich von keinem Kommentar Dritter irritieren oder verunsichern. Das sind oft Versuche, Sie entweder vorzeitig zum Aufgeben zu bewegen oder Ihnen im Gegenteil ein unvernünftig hohes Gebot zu entlocken.

4. Kümmern Sie sich bei einem Einfamilienhaus umgehend um Versicherungsfragen, schließen Sie zeitnah eine Wohngebäude- und eine Gebäudehaftpflichtversicherung ab oder lassen Sie die bestehende auf Ihren Namen umschreiben. Von dem Moment an, wenn Sie den Zuschlag bekommen haben, haften Sie nämlich für das Gebäude.

Immobilienkauf vom Bauträger

Vor allem in Städten und Ballungsräumen sind Bauträger die häufigsten Anbieter von Neubauten. Der Kauf bei den Bauunternehmen bietet Vorteile, hat aber auch Tücken.

Sie planen Straßenzüge neu und gestalten ganze Siedlungen: Die Häuser von Bauträgen prägen mittlerweile das Bild von Städten und ihren Speckgürteln. Diese Bauunternehmen bieten Grundstück, Planung und Haus aus einer Hand. Neue Reihenhäuser können fast nur von Bauträgern gekauft werden.

Als Kunde eines Bauträgers planen Sie Ihr Haus nicht selbst, sondern kaufen ein fertig entworfenes und gebautes (oder noch zu bauendes) Produkt. Deshalb sind Bauträger die einzigen Neubau-Anbieter, auf die dieses Buch näher eingeht.

Das Haus eines Bauträgers kann eines sein, dass erst noch erstellt wird, aber auch eines, das bereits gebaut ist und nur noch auf den Abnehmer wartet. In beiden Fällen kaufen sie vom Bauträger ein Paket und haben für alles nur einen Ansprechpartner – auch für Schäden und Mängel. Das kann ein Objekt günstiger, aber auch teurer machen als bei individueller Planung und Erstellung: Einerseits hat der Bauträger als Großnachfrager nach Boden und Bauleistungen Kostenvorteile, die er auf umkämpften Märkten an Sie weitergeben kann. Andererseits hat er hohen Planungs- und Organisationsaufwand, Vermarktungskosten, Risiken und Gewinnansprüche – die sich auf seine Angebotspreise niederschlagen.

Für Bauträger gibt es neuerdings eine Pflicht zur Baubeschreibung. Diese Beschreibung muss vor Vertragsschluss dem Kunden übergeben werden. So sollen Kunden die Qualität der Häuser vorab besser beurteilen können.

Makler- und Bauträgerverordnung: Bedingter Schutz

Gegen Pleiten und Verzögerungen bietet Ihnen die Makler- und Bauträgerverordnung (MaBV) einen gewissen, aber keinen umfassenden Schutz. Zunächst nennt sie die Voraussetzungen, die für Geldzahlungen erfüllt sein müssen: Der Bauträger darf erst Rechnungen schreiben, wenn Ihr Kaufvertrag abgeschlossen ist, wenn die Ämter alle Genehmigungen erteilt haben, die für seinen Vollzug nötig sind und wenn schließlich ein Notar das bestätigt hat. Außerdem muss im Grundbuch mindestens eine „Auflassungsvormerkung“ (mehr siehe unter „Kaufvertrag“, Seite 78) eingetragen sein. Das Grundbuch darf nur Grundpfandrechte enthalten, die Sie übernehmen oder deren Eintragung Sie veranlasst haben. Schließlich muss eine Baugenehmigung vorliegen – oder alternativ eine Bestätigung des Bauamts oder des Bauträgers selbst, dass eine Genehmigung nicht nötig ist und andere amtliche Anforderungen erfüllt worden sind, etwa die Erstattung einer Bauanzeige und die Einhaltungen von Wartefristen.

Beginnen dann Bau und Zahlungen, muss der Bauträger getrennte Konten führen: Er darf Ihr Geld nur für Ihr Projekt verwenden und darf es auch nicht auf seinen privaten Konten parken, wenn es zum Bauen vorgesehen ist. Ratenzahlungen von Ihnen darf er nur nach Baufortschritt einfordern. Einzige Ausnahme: Er hat Ihnen eine Bürgschaft gestellt, mit der eine Bank die zu erfüllende Leistung absichert. Wichtig: Weitere Regeln sind in den Allgemeinen Geschäftsbedingungen (AGBs) des Bauträgervertrags enthalten. Diese sollten Sie fachkundig von einem auf Baurecht spezialisierten Anwalt prüfen lassen. Wichtig auch: Unter die MABV fällt ein Vertrag nur, wenn der Zusammenhang zwischen Grundstückskauf und Bau dort klar geregelt ist. Im Kaufvertrag für das Grundstück sollte darum ein Verweis auf das geplante Haus stehen.

Die Schattenseiten

Das Beauftragen eines Bauträgers wirkt bequem und sicher, hat aber auch einige Nachteile:

→ Sie haben wenige Gestaltungs- und Eingriffsmöglichkeiten. Sonderwünsche sind zwar möglich, treiben die Kosten aber im Nachgang hoch.

→ In der Baubeschreibung (siehe „Baubeschreibung", Seite 45) steht zwar oft scheinbar genau, was entstehen und wie es ausgestattet sein soll. Dabei können aber Standards trotzdem noch ungenau definiert sein. Ein besseres Bad zahlen Sie dann selbst – oder sie bekommen es gar nicht, weil es unter die Rubrik Sonderwünsche fällt und dem Bauträger zusätzliche Arbeit machen würde (siehe „Baubeschreibung", Seite 45).

→ Sie haben keinen direkten Einfluss auf die Handwerker. Oft sind auch Eigenleistungen unerwünscht, verboten oder riskant, weil der Bauträger sich dann von seiner Haftung freistellen lässt.

→ Wird der Bauträger insolvent, steht Ihr Projekt still. Ein anderer Bauträger setzt es häufig mit Verzögerung und gegen Aufpreis fort.

→ Sie zahlen auf den Gesamtpreis, also auch für die Bauleistungen, die Kaufnebenkosten wie Grunderwerbsteuer, Notargebühren und gegebenenfalls Makler.

CHECKLISTE

So finden Sie den richtigen Bauträger

Unter Bauträgern gibt es Unternehmen mit hundertjähriger Tradition und hohem Qualitätsbewusstsein, aber auch Absahner mit kurzer Halbwertzeit. Um gute Bauträger zu erkennen, gibt es einige Indizien:

1 **Referenzen:** Was hat der Bauträger bisher geleistet; wie beurteilen ihn seine Kunden? Er selbst wird ihnen als Referenzen seine gelungensten Objekte nennen. Mehr finden Sie vielleicht im Internet oder in fertigen Häusern in dem Gebiet, in dem auch Sie jetzt bauen wollen. Einige Bauträger veröffentlichen Projekte auf www.neubaukompass.de

2 **Historie:** Wie lange gibt es den Bauträger schon, welche Erfahrungen hat das Unternehmen gesammelt? Gab es Skandale oder Pleiten?

3 **Kompetenzen:** Welche Erfahrung haben die Chefs? Sind sie Ingenieure oder Fachhandwerker; haben sie bisher nur Spezialleistungen realisiert oder auch schon ganze Hausprojekte?

4 **Sicherheiten:** Bietet der Bauträger Bürgschaften oder Versicherungen? Ist er im Notfall ersetzbar, falls er insolvent wird?

5 **Qualitätschecks:** Lässt der Bauträger seine Arbeit von neutralen Dritten überprüfen, etwa einer unter „Bauherren-Rat" auf Seite 46 genannten Organisation? Fragen Sie nach.

6 **Vertragsbedingungen:** Ihre Qualität können nur Experten beurteilen, daher sollten Sie immer einen Vertrag von einem Fachanwalt für Immobilienrecht prüfen lassen.

7 **Auftreten und Kundenorientierung:** Interessiert sich der Bauträger für Ihre Fragen und Wünsche, geht er darauf konstruktiv ein? Oder scheint er vor allem daran interessiert zu sein, reibungslos sein Programm durchzuziehen?

Prüfen und besichtigen

Auf Ihrer Suche nach einer Immobilie werden Sie zahlreiche Angebote erhalten. Bei der Vorauswahl sollten Sie sich nicht nur von Ihren Gefühlen leiten lassen, sondern besser systematisch vorgehen. Wichtig sind zunächst die Angaben im Exposé, der Grundriss und die Umgebung. Später, bei der Besichtigung des Objekts, werden viele Details Ihre Entscheidung beeinflussen. Wenn Sie Interesse an einer Immobilie haben, kommen Recherchen zum Bauzustand, im Grundbuch oder bei der Eigentümergemeinschaft auf Sie zu.

Erst auswählen – dann besichtigen

Mit der systematischen Auswertung von Exposé und Grundrissen sowie mit Recherchen zur Umgebung (siehe Seite 38) trennen Sie rasch die Spreu vom Weizen.

Exposé – der erste Eindruck

Eine Immobiliensuche kann viel Zeit und viele Fahrkilometer kosten. Aber einige Schritte kann man rationalisieren – vor allem durch eine gezielte Vorauswahl von Angeboten, die man per Internet, von Maklern oder Anzeigen erhält. Dann müssen Sie nur noch die wirklich interessanten Angebote näher untersuchen und besichtigen. Am Anfang der Auswahl steht also nicht die Frage: „Ist dies mein Traumhaus?", sondern die Frage: „Erfüllt dieses Angebot die Grundbedingungen meiner Suche?" Mit der Antwort auf diese Frage scheiden viele Angebote rasch aus: Preis, Lage und Zimmerzahl stimmen nicht oder ein No-Go ist rasch erkennbar, zum Beispiel die Lage in der Einflugschneise, ein verkorkster und nicht veränderbarer Grundriss oder eine dauerhafte Vermietung, obwohl man doch eine freie Immobilie wollte.

AUSFÜLLHINWEIS

→ S. 107

Exposé prüfen

Wenn ein Exposé Sie näher interessiert, gleichen Sie es systematisch mit dieser Liste ab und tragen Sie die wichtigen Angaben ein. Notieren Sie auch, was noch fehlt, um diese Informationen später beim Makler oder Verkäufer abfragen zu können.

Basisinformationen zum Objekt

Exposé ist der Sammelbegriff für eine genauere Objekt-Darstellung, normalerweise mit Daten, Fakten, Fotos und Grundrissen. Es kann ein mehrseitiges Papier sein oder eine Internet-Präsentation. Sorgsam erstellte Anzeigen auf Immobilienbörsen haben bereits die notwendige Qualitäten. Die wichtigsten Inhalte eines Exposés sind:

- → Objektart (freistehendes Haus oder Reihenhaus, Wohnung, Grundstück usw.)
- → Größe (Quadratmeter, Zahl der Wohn- und Nutzräume, bei Häusern Grundstücksgröße)
- → Baujahr (v. a. bei Altbauten)
- → Erhaltungszustand, Reparaturbedarf
- → Preis (fixer Preis, Verhandlungsbasis oder Mindestpreis für Bieter)
- → Lage (oft ungenau, fordern Sie zumindest die Nennung des Stadt- oder Ortsteils
- → Stichworte zur Umgebung (etwa Villenviertel, Altbauquartier, dörflich o. a.)
- → Fotos außen und innen
- → Grundriss

Lücken im Exposé: Kein Alarmzeichen

Ein anderes Angebot wirkt vielleicht interessant, hat aber an wichtigen Stellen Lücken. Oder es ist zwar erst einmal kein grundlegender Nachteil des Objekts erkennbar, doch die Präsentation ist in Wort oder Bild schlecht. Durch beides sollte man sich nicht abschrecken lassen: Vielleicht hat ein privater Anbieter, der vorher noch nie ein Objekt verkauft hat, schlicht den Informationsbedarf möglicher Erwerber nicht erkannt. Ein Makler hat vielleicht lieblos gearbeitet oder die Strategie gewählt, Schwachpunkte nicht anzusprechen.

Wenn es gravierende Informationslücken gibt, empfiehlt sich eine Nachfrage beim Anbieter, bevor Sie sich zur Besichtigung entscheiden. Doch wo Wohnungen und Häuser knapp und begehrt sind, da ist die individuelle Auskunftsfreude von Anbietern begrenzt. Hier bleibt einem oft nichts anderes übrig, als mit den lückenhaften Informationen zur Besichtigung zu fahren und zu hoffen, dass offene Fragen sich vor Ort beantworten. Nehmen Sie in diesem Fall das Arbeitsblatt zur Besichtigung mit.

Anbieter-Prosa: Viel Schwulst, wenig Information

Seriöse Exposés bieten vor allem nüchterne Information, sparen mit Adjektiven und Floskeln. Doch viele Immobilien-Anbieter versuchen gerne, potenzielle Kunden beim Gefühl zu packen. Manchmal folgen die Fakten noch der Realität, aber manchmal soll eine blumige Sprache nur Schwächen übertünchen. Beim Beschönigen kennt die Anbieter-Fantasie kaum Grenzen. Bekannt und berüchtigt sind die „gute Verkehrslage" (= laut), die „wenigen Autominuten zum Zentrum (= weit weg), die „ruhige Lage" (= auch weit weg), die „lebhafte, junge Umgebung" (= Kneipenlärm), das „Handwerkerobjekt" (= Halbruine) und für Häuser die drei Baustile Jugendstil (= verziert), Bauhaus (= kantig) und Architektenhaus (= eigenwillig). Je wolkiger die Sprache, desto mehr Vorsicht ist geboten.

Grundriss: Basisinfos zum Inneren

Der Grundriss mag für einen Laien auf den ersten Blick abstrakt wirken. Doch er sagt viel über die Räume im Haus oder in der Wohnung. Größe, Schnitt, Lage und Möblierbarkeit haben starken Einfluss auf die Wohnqualität. Aber nicht immer ist der Grundriss aussagekräftig – manchmal führt er sogar in die Irre.

Der Grundriss sagt viel mehr als die Fotos darüber aus, wie die Immobilie im Inneren aussieht. Für Ungeübte ist er anfangs manchmal schwer zu lesen – doch die kleine Mühe lohnt. Sie sehen am Grundriss das Wichtigste zur Größe, zum Schnitt und zur Anordnung der Räume. Sie können zum Beispiel erkennen, ob die Wege innerhalb der Wohnung lang oder kurz sind oder ob hoher Heiz-Aufwand droht, weil es viele und verwinkelte Außenwände gibt. Sie können mit dem Grundriss aber auch schon den ersten Abgleich für Ihre Bedürfnisse machen:

- → Hat die Immobilie die Anzahl der Zimmer, die Sie benötigen? Oder können diese durch Zwischenwände oder Einbauten geteilt werden?
- → Wie sind die Räume über die einzelnen Etagen verteilt?
- → Reicht die Wandfläche der Zimmer für die vorgesehenen Möbel?
- → In welcher Himmelsrichtung liegen Räume, in denen Sie viel oder wenig Licht möchten?
- → Hat die Küche die Größe, um etwa den gewünschten Essplatz zu integrieren?
- → Sind die Nutzräume nach Ihren Vorstellungen, z. B. WC und Bad getrennt, liegen die Nassräume übereinander?
- → Gibt es fensterlose Räume?
- → Ist im Bad Platz für die Waschmaschine oder einen Wickeltisch?
- → Gibt es ausreichend Abstellraum?

CHECKLISTE

Grundrissprüfung

Positive Merkmale

- Grundriss wirkt professionell gezeichnet und ist relativ neu (am besten mit Datum), es gibt ihn für alle Etagen
- Maßstab ist genannt (ideal: Legende mit den Anschlüssen für Strom, Licht, Telefon, Internet)
- Himmelsrichtung ist mit einem Kompass oder Pfeil angezeigt (sog. Nordpfeil)
- Informationen zum direkten Umfeld (z. B. Außentreppen, Terrasse, Garage)
- Die Gebäudeform ist kompakt (kurze Wege, relativ gut beheizbar)
- Nutzräume sind bezeichnet und Einbauten (Küche, Bad usw.) sind markiert
- Dachschrägen sind erkennbar (gestrichelte Linie)
- Die Immobilie hat die gewünschte Zahl der Wohnräume, Küche(n), Bad/Bäder, Keller/Abstellräume usw.
- Die Räume sind groß genug, um die gewünschte Funktion zu erfüllen
- Ihre Möbel passen hinein
- Alle Nassräume (Bäder/Küchen) liegen nahe beieinander und direkt übereinander

Negative Merkmale

- Der Grundriss wirkt alt und ist evtl. sogar veraltet
- Der Grundriss ist selbst gezeichnet und evtl. falsch
- Die Hausform ist eher ungleichmäßig/asymmetrisch (verwinkelt, lang und schmal u. a.)
- Räume sind schwierig zu möblieren, weil es wenig Wandflächen gibt oder bodentiefe Fenster
- Räume sind ungünstig geschnitten (verwinkelt, lange „Schläuche" usw.)
- Durchgangszimmer und „gefangene Zimmer", die nur durch andere Zimmer erreichbar sind
- Flure, Dielen und Treppen nehmen viel Raum ein
- Es gibt Räume ohne Fenster und/oder wenig Tageslicht
- Nassräume (Bäder/Küchen) liegen so verstreut, dass mehrere Rohrsysteme nötig sind (Geräusche)

Aber natürlich ersetzt kein Grundriss die Besichtigung. Erst dort bekommen Sie ein Gefühl für die Wirkung von Deckenhöhen oder Lichteinfall und sehen zum Beispiel, ob ein langer Flur eher ein fantastisches Entrée ist oder ein bedrückender Schlauch. Bei Altbauten stimmen die Grundrisse auch oft nicht mehr: Manchmal sind z. B. noch einstige Speisekammern eingezeichnet, aber neuere Bäder nicht. Auch Durchbrüche und Zwischenwände sind oft nicht aktuell. Nehmen Sie auf jeden Fall zur Besichtigung den Grundriss mit und markieren Sie wichtige Abweichungen.

Ein Indiz für die Qualität ist auch, ob der Grundriss professionell gezeichnet ist oder ob er amateurhaft „handgestrickt" wirkt. In diesem Fall sollten Sie darauf gefasst sein, dass manche gezeichneten Angaben nicht mit der Wirklichkeit übereinstimmen – vor allem Maße nicht.

Professionelle Grundrisse erhalten zudem häufig eine wertvolle Zusatzinformation: Tragende, unveränderliche Wände sind stärker gezeichnet, statisch unwichtige veränderbare Wände dünner. Sie bekommen erste Informationen darüber, wo der Grundriss veränderlich sein könnte und wo nicht.

Energieausweis und -analyse

Der Staat meint es gut mit Klimaschutz und Verbraucherinformation. Schon im Inserat einer Immobilie muss deshalb der Energieausweis erwähnt werden. Jeder Interessent hat Anspruch darauf, ihn zu sehen. Aber er ist nicht immer leicht verständlich. Das beginnt damit, dass es zwei Typen von Energieausweisen gibt: Der Bedarfsausweis beruht auf einer rechnerischen Voraussage des Energieverbrauchs; seine Erstellung ist teuer. Darum wird viel häufiger der alternative Verbrauchsausweis verwendet. Er gibt an, wie viel Energie in einer Immobilie tatsächlich aufgewendet worden ist. Damit enthält er einerseits authentische Werte. Andererseits hängt der Verbrauch nicht nur vom Gebäude ab, sondern ebenso stark vom Verhalten der Bewohner. Zwei gleiche Häuser können daher einen ganz unterschiedlichen Energieverbrauch haben.

Eigentumswohnungen: Ausweis nur fürs ganze Haus

Solche Unterschiede können vor allem in Einfamilienhäusern eine Rolle spielen. In Häusern mit vielen Eigentumswohnungen nivellieren sich die Unterschiede, denn der Verbrauchsausweis wird stets für das Haus insgesamt ausgegeben. Das wiederum verwischt andere Unterschiede, etwa den zwischen der Eckwohnung mit Erker ganz oben und der kleinen in der Mitte, die von lauter anderen Wohnungen umgeben ist und nur eine kurze glatte Außenfront hat.

Aussagekräftig – mit den oben genannten Einschränkungen – ist die Effizienzklasse, visualisiert mit einem Balken in Ampelfarben. In der Spitzenklasse A+ kostet die Energie pro Quadratmeter und Jahr weniger als zwei Euro. In Klasse H am anderen Ende können es über 20 Euro sein. Basis der Einstufung ist der berechnete Energiebedarf oder -verbrauch in Kilowattstunden. Weitere Pflichtangaben betreffen den Energieträger der Heizung – Öl, Fernwärme, Gas usw. – und das Baujahr der Immobilie. Gerade sehr schöne alte Häuser haben oft keinen Energieausweis: Denkmäler benötigen ihn nicht.

Was Sie selbst erkennen können

Wer die energetische Qualität eines Hauses genauer kennenlernen will, sollte es von einem Experten analysieren lassen. Doch auch Laien können einige Indizien erkennen: Wandstärken und -materialien, Größe, Alter und Zustand der Fenster, ein kompaktes Gebäude oder ein stark gegliedertes mit vielen Außenwänden. Ein Instrument zur relativ unaufwendigen Erstanalyse ist die Infrarot-Wärmebildkamera, deren Anschaffung freilich teuer ist. Doch die roten, gelben und grünen Flächen im Bild zeigen auf einen Blick, wo aus dem Haus viel und wo wenig Energie entweicht.

Erbbaurecht: Chance oder Stolperstein

Per Erbbaurecht wird das Grundstück nicht gekauft, auf dem Ihr künftiges Haus steht, sondern es wird für lange Zeit gepachtet. Das macht den Einstieg billiger, kann aber auf längere Sicht viel teurer sein als der Erwerb einer eigenen Parzelle.

Institutionen wie Städte, Kirchen oder Stiftungen können sehr langfristig denken – weit über das Leben der heute Beteiligten hinaus. Oft haben sie Grundstücke, die sie anderen zum Gebrauch überlassen wollen. Sie wollen aber diesen Gebrauch stärker kontrollieren, als das nach einem Verkauf möglich wäre. Und sie wollen sich die Option offenhalten, eines fernen Tages wieder ganz über das Grundstück zu verfügen.

Dem dient das Erbbaurecht – im Volksmund oft auch Erbpacht genannt, obwohl diese alte Form der Grundstücksüberlassung schon seit 1947 abgeschafft ist. Erbbaurechte werden in der Regel für 99 Jahre vergeben. Meist ist im Vergabevertrag festgelegt, was auf dem Grundstück gebaut und gemacht werden darf.

Hohe Erbbauzinsen: Gefährlich im Alter

Wer ein Erbbaurecht erwirbt, erhält also ein Grundstück für meist längere Zeit, ohne dass er dafür den Kaufpreis aufbringen muss. Stattdessen ist ein regelmäßiger Erbbauzins fällig. Dieser liegt heute meist höher als der Kreditzins für den Kauf eines vergleichbaren Grundstücks. Hinzu kommt, dass der Erbbauzins später entsprechend der Bodenpreisentwicklung erhöht werden kann: Der Erbbaurechtsnehmer muss im Lauf der Jahrzehnte immer mehr bezahlen, was besonders im Rentenalter heikel werden kann. Kritisch ist auch die in vielen Verträgen festgelegte Kaufpflicht für das Grundstück, falls der Erbpachtgeber die Parzelle doch irgendwann verkaufen möchte. Dann hat man Jahre oder Jahrzehnte Erbbauzins bezahlt – und muss dann noch den Kaufpreis hinterher schieben.

Auch viele Banken lieben Erbbaurechte nicht. Ein normales Kaufgrundstück können sie im Notfall unbeschränkt versteigern; Erbbaurechte sind viel schlechter verwertbar. Damit erhöhen sie womöglich den Zins für den Kredit.

Verkauf möglich – aber nicht ertragreich

Hinzu kommen die Gebrauchs- und Verbrauchsbeschränkungen. Der Erbbaurechtsvertrag kann An- und Umbauten beschränken oder von der Genehmigung der Grundeigentümer abhängig machen. Zwar kann der Erbbaurechtsnehmer das Haus und das Recht auf Grundstücksnutzung später verkaufen. Er bekommt dafür aber viel weniger als ein anderer, der auch das Eigentum am Grundstück verkauft. Von gestiegenen Bodenpreisen profitiert ein solcher Verkäufer nicht. Zumal nach Ablauf des Vertrags der Erbpachtgeber Haus und Grundstück zurückverlangen kann. Er muss dann zwar für das Haus entschädigen, aber nur mit zwei Dritteln des Verkehrswerts. Wer als Bauherr in Generationen denkt, ist also mit einem Erbbaurecht besonders schlecht bedient.

Wann ein Erbbaurecht trotz allem lohnt

Zwei gute Gründe gibt es aber, sich darauf einzulassen: erstens die niedrigen Einstiegskosten, die Bauherren und Käufern mit knappem Budget entgegenkommen. Zweitens ein Markt, auf dem ein gutes, bezahlbares Kaufgrundstück nicht zu finden ist. Lassen Sie aber einen angebotenen Vertrag genau prüfen, insbesondere auf Ihre Rechte und Pflichten zu bauen, zu verkaufen und eventuell kaufen zu müssen. Besonders wichtig ist die Frage, wie lange das zu erwerbende Erbbaurecht noch läuft.

Freies Grundstück: Was dürfen Sie bauen?

Vielleicht finden Sie bei Ihrer Suche nach einer Immobilie überraschend ein ideales Grundstück und erwägen einen Neubau. Wer ein freies Grundstück kauft, muss vorher wissen, was dort gebaut werden darf. Gemeinden, Bauordnungen, Grundbuch und Nachbarn erlegen Bauherren diverse Einschränkungen auf. Sie müssen vor dem Kauf klären, was Sie hier überhaupt errichten, gegebenenfalls an Bestand abreißen oder umbauen dürfen.

Grundsätzlich gibt es drei planungsrechtliche Möglichkeiten. Welche davon auf Ihr Grundstück zutrifft, können Sie oder Ihr Beauftragter (z. B. ein Architekt) auf dem kommunalen Planungs- oder Bauamt ermitteln:

➜ Das Grundstück liegt im Geltungsbereich eines Bebauungsplans. Für größere Neubaugebiete trifft das so gut wie immer zu. Ansonsten erfahren Sie telefonisch vom Bau- oder Planungsamt, ob eine Adresse in einem „B-Plan-Gebiet" liegt. Den Plan selbst können Sie auf dem Amt einsehen, in manchen Gemeinden auch online. In den Gebieten bestehen oft enge Bindungen: Festgelegt sind zum Beispiel Haustyp und Gebrauchszweck, erlaubte Höhen und Größen, die erlaubte oder vorgeschriebene Position des Hauses auf dem Grundstück und Details des Äußeren. Manches erschließt sich nur Experten; eine Lesehilfe finden Sie auf Seite 41. Stets enthalten die Pläne auch Text, der alles Mögliche regeln kann – von den Vorgarten-Bäumen bis hin zur Lage und Ausstattung von Parkplätzen auf den Privatgrundstücken. Aber in jüngerer Zeit neigen die Gemeinden meist dazu, das Planungskorsett nicht zu eng zu schnüren.

→ Das Grundstück liegt irgendwo in der Stadt oder im Dorf; Häuser stehen in der Nähe und es gibt keinen Bebauungsplan. Dann gilt der „Lückenparagraf" 34 des Baugesetzbuchs (BauGB). Er sagt vereinfacht: Hier darf im Prinzip alles gebaut werden, dessen „Art und Maß" der Umgebung entspricht. Das lässt einerseits viel Spielraum, andererseits droht vor allem in Grenzfällen Unsicherheit: Wie weit entspricht ein vorgesehenes Nutzungskonzept noch der „Art" der Umgebung? Und wie weit darf man vom gegebenen „Maß" ihrer Häuser abweichen? Keinen Zentimeter nach oben, oder vielleicht doch ein ganzes Dachgeschoss? Wenn es nebenan ein paar Läden und Ateliers in den Erdgeschossen gibt – sind dann auch Kneipen und Motorradwerkstätten erlaubt? Zu solchen Fragen gibt es zwar längst viele Gerichtsurteile, doch weil jeder Einzelfall anders ist, gibt es immer wieder Streit. Sind Sie oder Ihr Architekt nicht sicher, ob Ihr Bauvorhaben „Art und Maß" der Umgebung entspricht, dann stellen Sie vor dem Kauf eine „Bauvoranfrage" zur Hausgröße und zum vorgesehenen Gebrauch. Ist die Antwort der Gemeinde positiv, haben Sie später einen Anspruch darauf, dass ein auch ansonsten vorschriftenkonformer Bauantrag für Ihr Projekt genehmigt wird.

→ Das Grundstück befindet sich nicht inmitten von Stadt oder Dorf; ringsum stehen wenige oder keine Häuser, und es existiert kein Bebauungsplan. Stadtplaner sprechen hier vom „Außenbereich" und lassen nach Paragraf 35 des Baugesetzbuches Wohnhäuser fast nur zu, wenn sie mit typischem Freiland-Gewerbe verbunden sind – Bauernhof, Gärtnerei, kommerzieller Tierhaltung oder Ähnliches.

Unabhängig vom jeweiligen Gebiet unterliegen Objekte unter Denkmalschutz starken Beschränkungen bei Umbau-Projekten – werden auf der anderen Seite aber steuerlich und teils mit Fördermitteln besonders unterstützt. Beschränkungen kann es auch für Bauten in der Nachbarschaft von Denkmälern geben, in Sanierungsgebieten und solchen mit einer Gestaltungs-, Erhaltungs- oder Milieuschutz-Satzung.

Bauordnung: Drei-Meter-Grenze beachten

Eine wichtige Allgemeinvorschrift ist die Bauordnung, die jedes Bundesland erlassen hat. Bei Details gibt es Abweichungen, im Wesentlichen orientieren sich die Vorschriften jedoch an einer gemeinsamen Musterbauordnung. Eine besonders praxisrelevante Vorschrift ist die für seitliche Abstände: Ein frei stehendes Wohnhaus muss in der Regel mindestens drei Meter von der Grundstücksgrenze entfernt stehen – Garagen dürfen aber in diesen Grenzbereich. Das gilt natürlich nicht in schon dicht bebauten Stadtteilen oder dort, wo ein Bebauungsplan etwas anderes vorsieht, zum Beispiel Reihenhäuser.

Das Objekt: Prüfen vor Ort

Wenn eine Immobilie das Interesse geweckt hat, geht es nun darum, ganz genau hinzuschauen, zu besichtigen und zu prüfen.

Das Umfeld prüfen – von fern und von nah

Die Lage und Umgebung der Immobilie sind so wichtig wie das Objekt selbst – und sollten zuerst geprüft werden. Das erfordert gründliche Recherchen – und aufmerksame Spaziergänge durch das Gebiet.

Die kritische Prüfung beginnt mit einer Abschätzung der Lagequalitäten möglichst lange vor der Besichtigung: Wie liegt das Objekt im Stadt- oder Dorfraum? Wie kommt man hin? Findet man auf dem Stadtplan oder im Internet in der Umgebung Schulen, Läden, Dienstleistungen? Welche Belastungen der Umgebung zeigt schon der Plan oder das Google-Luftbild – große Straßen, Bahnlinien, Gewerbe, nahe Flughäfen oder vielleicht Wohntürme gleich neben dem angebotenen Einfamilienhaus?

Allerdings verfliegt mancher Verdacht aus der Ferne beim Besuch vor Ort. Der nahe Verkehrsweg kann gut abgeschirmt sein, die nette Reihe kleiner Läden war auf dem Plan und im Luftbild nicht erahnbar. Und im Neubaugebiet kann schon morgen alles da sein, was Sie heute noch vermissen. Wenn eine Gegend allerdings deutlich konträr zu Ihren Wunschvorstellungen ist und bleibt oder absehbar wird, können Sie sich den Weg dorthin und nähere Recherchen zum Objekt sparen.

Mehrfach fahren – nicht nur bei Sonnenschein

Wenn Sie aber fahren und das Kaufobjekt dann tatsächlich interessant finden, dann fahren Sie mehrfach hin. Den Weg sollten Sie nicht nur auf einer Wochenend-Besichtigung, sondern auch im Berufsverkehr an einem normalen Werktag zurücklegen. Auch das Haus selbst sollte man bei unterschiedlichen Stimmungen erleben – an Werk- und Feiertagen, bei klarem und düster-bedecktem Himmel.

Das Umfeld sollte selbst bei schlechtem Wetter nicht abgründig trist wirken. Sie sollten es unbedingt auch zu Fuß erkunden. Man sieht mehr, kommt mit Leuten ins Gespräch und stellt sich oft genug selbst neue Fragen. Beim Ansprechen anderer Menschen auf der Straße, über den Gartenzaun oder im Café sollte man keine Scheu haben: Jeder versteht, dass Interessenten sich vor dem Kauf informieren wollen. Die meisten helfen gern. Und viele erzählen sowieso mit

AUSFÜLLHINWEIS

→ S. 111

Umgebungsanalyse

Bei der Umfeldanalyse geht es zum einen um einen ersten Eindruck der direkten Nachbarschaft, aber auch um die Infrastruktur, die Sie benötigen oder sich wünschen. Zum anderen ist der Fahrweg zu wichtigen Punkten wie dem Arbeitsplatz oder den nächsten Einkaufsmöglichkeiten nicht zu unterschätzen (siehe rechts). Daher prüfen Sie nach dem Ausfüllen, ob es eklatante Punkte gibt, die die Immobilie schon vor der Besichtigung ausschließt.

Leidenschaft von ihrer heimatlichen Umgebung. Gleich drei Sinne sollten aktiviert sein:

- das Auge für Schönes und Hässliches, für die Dichte der Menschenströme sowie für die Kindergärten, Schulen, Läden, Arztpraxen und Freizeiteinrichtungen in der Umgebung.
- das Ohr für Vogelzwitschern und Verkehrslärm, für Geräusche von Gewerbe, Sportplätzen, Bier- und Kindergärten und für die Worte von Nachbarn.
- die Nase für Blütenduft und Industrie, für Autoabgase und Kerosin, sumpfige und faulige Gewässer, für Wurstbuden-Mief und Caféhaus-Duft.

Extremfälle: 100 oder 1 000 Euro für Fahrtkosten

Ein wichtiger Aspekt bei der Bewertung einer Immobilie sind die Fahrtkosten. Im städtischen Extremfall wohnen Sie an der Haltestelle; Sie und Ihre Kinder können zu Fuß zur Arbeit, zur Schule und zum Einkaufen gehen. Ihren geringen Autobedarf decken Sie mit Carsharing. Ihre Kosten für den Alltagsverkehr liegen unter 100 Euro im Monat. Im ländlichen Extremfall brauchen Sie zwei Autos, für den Berufsverkehr eine Bahn-Dauerkarte und für die Kinder Bus-Abos. Das kann sich – inklusive Wertverlust der Autos – auf 1 000 Euro im Monat summieren. Wenn Sie mit den 900 Euro Differenz einen größeren Kredit bedienen und das nicht in den Autos gebundene Eigenkapital stattdessen in eine städtische Immobilie stecken, kann diese rechnerisch bis zu 200 000 Euro teurer sein als das Haus auf dem Dorf – bei gleichem Gesamtbudget für Wohnen und Alltagsverkehr. Diese Rechnung ist theoretisch, doch der Extremfall zeigt, wie stark niedrige Wohn- und hohe Verkehrskosten zusammenhängen können. Und es berücksichtigt nicht zwei unterschiedliche Formen von Lebensqualität: Ruhe und Naturnähe draußen, Buntheit und wenig im Verkehr verbrachte Zeit drinnen.

AUSFÜLLHINWEIS

→ S. 115

Verkehrskosten

Wenn Sie Ihre Immobilie gefunden haben, sollten Sie auch die möglichen Verkehrskosten an dem künftigen Standort errechnen. Je nach Standort kann dies Ihr Monatsbudget um mehrere hundert Euro senken oder erhöhen.

Das Umfeld von morgen: Spielräume und Gefahren

Jedes Quartier kann sich verändern – zum Guten oder Schlechten. Freie Grundstücke in der Nähe können bald bebaut werden. Warnzeichen sind zum Beispiel Plakate, die gegen Projekte protestieren oder erkennbare freigehaltene Trassen für Straßen oder Bahnlinien. Informationen zu Projekten finden Sie auch in der Zeitung oder im Netz. Rund um die Wohnung können heute harmlose Lärmquellen stark belastend werden, wenn zum Beispiel im Erdgeschoss ein ruhiges Nachmittagscafé ist, aber vielleicht ein künftiger Pächter ein Nachtlokal eröffnet. Prüfen Sie in der Teilungserklärung der Wohnanlage, was erlaubt und was verboten ist.

Eine wichtige Quelle: Amtliche Pläne

Eine bedeutende, wenn auch oft schwer konsumierbare Quelle sind amtliche Pläne. Flächennutzungspläne nehmen die mögliche Entwicklung über einen längeren Zeitraum voraus, beispielsweise zehn Jahre. Sie zeigen potenzielle Baugebiete und mögliche Verkehrswege. Allerdings sind sie nur bedingt verbindlich und genau: Längst nicht alles, was sie enthalten, wird auch gebaut. Umgekehrt ist hier nicht jedes mögliche Projekt verzeichnet. Auch sind Flächennutzungspläne recht unscharf: Orte von Planungen und der Verlauf von Trassen müssen nur grob angedeutet werden.

Bebauungsplan: Gebiete mit strengen Regeln

Viel detaillierter und verbindlicher sind Bebauungspläne. Sie sind und werden von der Gemeinde jeweils für ein bestimmtes Gebiet aufgestellt. Für größere Neubaugebiete gibt es fast immer Bebauungspläne. Generell sind Bebauungspläne nicht leicht zu lesen, sagen aber viel über die kommende Entwicklung des Gebiets (siehe Kasten). Gibt es keinen Bebauungsplan, dann gilt innerhalb von Ortschaften der „Lückenparagraf" 34 des Baugesetzbuchs (siehe auch Seite 37).

Bebauungspläne – Kürzel und Begriffe

Manches im Plan können nur Experten wirklich lesen, wichtige Kürzel schlüsseln wir Ihnen hier auf:

→ WA Allgemeines Wohngebiet: Hier sind nur Wohnen und lokale Geschäfte/Infrastruktur zulässig

→ WR Reines Wohngebiet: Hier ist außer Wohnen fast nichts erlaubt – nur Kindergärten, kleine Läden und Gemeinschaftseinrichtungen

→ MI Mischgebiet: Hier sind Wohnen und Gewerbe etwa im gleichen Verhältnis erlaubt. Das eine oder andere darf jedoch nicht stark überwiegen.

→ MK Kerngebiet: Hier sind City-Nutzungen wie Büros und Handel vorgesehen; Wohnen ist die Ausnahme

→ GE und GI: Gewerbe- und Industriegebiete. Wohnen dürfen hier in der Regel nur Hausmeister und z. T. Betriebsinhaber. Manchmal sind alle, manchmal nur bestimmte Gewerbe im Bebauungsplan zugelassen

→ MU: Urbanes Gebiet (seit 2017). Hier sind Wohnen, Gewerbe und Dienstleistungen in dichter Mischung erlaubt und erwünscht. Der Schallschutz ist dafür eingeschränkt.

→ GFZ: Geschossflächenzahl. Sie legt fest, wie groß die Fläche aller entstehenden Etagen im Verhältnis zum Grundstück sein darf. Ist zum Beispiel ein Haus mit vier Etagen à 100 Quadratmeter, also insgesamt 400 Quadratmeter, auf einem städtischen 200-Quadratmeter-Grundstück vorgesehen, dann beträgt die GFZ 400/200 = 2,0

→ GRZ: Grundflächenzahl. Anteil des Grundstücks, der bebaut werden darf. Ein 100-Quadratmeter-Flachbau auf einem 200-Quadratmeter-Grundstück entspricht einer GRZ von 0,5. Die Zahl kann naturgemäß nie höher als 1,0 sein.

→ Baugrenze: Bis hierhin darf auf dem Grundstück gebaut werden, darüber hinaus nicht.

→ Baulinie: An sie muss ein Haus angrenzen, das auf dem Grundstück entsteht – zum Beispiel, um in einer Straße eine gewisse Einheitlichkeit zu erzeugen.

Die Besichtigung: Immobilie unter der Lupe

Schon beim ersten Termin im Haus erkennen Sie oft, ob das Objekt für Sie interessant ist. Sie können auch viele Details erkennen – aber für eine gründliche Prüfung ist es nur der erste Schritt. Neben Aufmerksamkeit ist vor allem auf engen Märkten auch Sensibilität und angemessenes Verhalten gefragt, besonders bei privaten Anbietern.

Ein Objekt kommt nach Exposé, Grundriss und Umgebung für Sie infrage; jetzt wollen Sie es besichtigen. Das ist oft ein aufregender Akt: Sie betreten ein fremdes Haus, das Ihr Lebensmittelpunkt werden könnte; Sie drängeln sich entweder mit vielen anderen oder sind als einziger Besucher gespannten Blicken ausgesetzt. Sie erhalten eine Vielzahl von Eindrücken und Informationen in kürzester Zeit – und manchmal fragt man Sie schon jetzt, ob Sie das Objekt kaufen wollen. Da hilft nur zweierlei: Eine Strategie, damit Sie nichts Wesentliches vergessen, und ein trotz aller Stressfaktoren überlegtes Vorgehen.

AUSFÜLLHINWEIS

→ S. 117

Besichtigung

Dieses Arbeitsblatt soll Ihnen helfen die zahlreichen Fragen, Informationen und Eindrücke zu sortieren und eine erste Einschätzung über die Immobilie zu bekommen. Das verschafft Ihnen Klarheit darüber, wie gut die Immobilie zu Ihren Wünschen und Bedürfnissen passt. Markieren oder notieren Sie beim Erstbesuch vor allem die Punkte, denen Sie weiter nachgehen wollen – weil Sie sie als kritisch erkannt haben oder weil Sie weiteren Klärungsbedarf sehen.

Rational bleiben

Versuchen Sie unbedingt, einen kühlen Blick zu bewahren – auch, wenn es sich anscheinend um Ihre Traumimmobilie handelt. Vieles können Sie durch Anfassen bzw. Anschalten überprüfen. Öffnen Sie Fenster und Türen, prüfen Sie die Lichtschalter und testen Sie Wasserhähne durch kurzes Aufdrehen. Vergewissern Sie sich, dass elektrisch betriebene Rollläden auch wirklich funktionieren. Nehmen Sie sich einen Fotoapparat mit und bitten Sie darum, Fotos machen zu dürfen. So können Sie sich zu Hause in Ruhe noch einmal alle wichtigen Details ansehen, alles auf sich wirken lassen und mit Ihrem Arbeitsblatt abgleichen. Doch übertreiben Sie den Prüfeifer nicht – mehr dazu im Abschnitt „Taktik, Vorgehen und Verhalten“ auf Seite 50.

Experten nicht vergessen!

Wer Schäden übersieht, muss für die Beseitigung später meist selbst aufkommen (siehe „Kaufvertrag“, Seite 78). Darum empfiehlt es sich vor allem bei älteren Häusern und Wohnungen, vor dem Kauf einen Sachverständigen mit einer gründlichen Prüfung zu beauftragen.

Der Verkäufer eines gebrauchten Hauses oder eines Grundstücks haftet nur für Schäden, die er kannte, die aber für Sie nicht erkennbar gewesen wären. Was er aber – gerade als baulicher Laie – wirklich wusste, ist in Grenzfällen nur schwer nachzuweisen. Und selbst wenn, ist der von Ihnen gezahlte Kaufpreis vielleicht nicht mehr für einen Schadenersatz verfügbar. Verborgene Schäden gehen ohnehin zu Ihren Lasten, wenn nicht deren Verursacher zu finden und solvent genug ist. Zudem dürfen die Haftungsfristen noch nicht abgelaufen sein.

Vollständige Sicherheit gibt es nicht; dazu müsste man das Haus quasi auseinandernehmen. Aber ein Experte weiß und sieht mehr als Sie. Und er haftet Ihnen gegenüber, wenn er etwas übersehen hat, was er hätte erkennen müssen. Gerade beim Altbau – erst recht bei einem nicht sehr gut gepflegten – lohnt es also, das Haus vor dem Kauf fachlich unter die Lupe nehmen zu lassen. Hier bieten sich Vereine wie die TÜVs oder die Dekra an; allerdings schließen sie die Haftung in ihren Verträgen oft weitgehend aus. Besser sind also öffentlich bestellte und vereidigte (abgekürzt „ÖBV“) Sachverständige für Schäden am Gebäude aus Ihrer Region. Sie finden sie am bequemsten über https://svv.ihk.de; dort geben Sie als Suchbegriff „Gebäudeschaden“ ein.

Eigentumswohnung: Was Sie prüfen sollten

Mit dem Erwerb einer Eigentumswohnung treten Sie einer Gemeinschaft bei. Vorher sollten sie prüfen, was Sie mit und in der Wohnung tun dürfen und was nicht, welche Rechte Nachbarn haben, wie es um das gemeinsame Eigentum und nicht zuletzt um die Kasse bestellt ist. Bei Eigentumswohnungen sind die wichtigen Informationen oft nur aus unterschiedlichen Quellen erhältlich. Bitten Sie den Eigentümer oder Makler darum, ansonsten wenden Sie sich an den Verwalter der Anlage.

Wohnungseigentumsgesetz (WEG):

Wenn Sie noch nicht mit Eigentumswohnungen vertraut sind, lohnt ein Blick in dieses Gesetz im Internet. Es regelt die Grundlagen der Aufteilung von Eigentum und Kosten, Fragen der Verwaltung, Versammlungen und Beschlüsse.

Teilungserklärung: Das „Grundgesetz" des Hauses

Die Teilungserklärung wird verfasst, wenn das Haus neu gebaut oder wenn ein bestehendes Haus in Eigentumswohnung aufgeteilt wird. Sie regelt auf Grundlage des WEG-Gesetzes viele wirtschaftliche und praktische Fragen für das konkrete Haus – und sie grenzt nicht zuletzt ihr individuelles „Sondereigentum" vom Eigentum Ihrer Nachbarn und vom gemeinschaftlichen Eigentum („Gemeinschaftseigentum") ab:

- ➔ Größe und Lage des Sondereigentums (Ihrer Wohnung und weiterer Räume)
- ➔ Nennung von Bestandteilen des Sonder- oder Gemeinschaftseigentums (wichtig für die Verteilung der Pflege- und Reparaturkosten)
- ➔ Sondernutzungsrechte: Das sind Flächen und Räume im Gemeinschaftseigentum, die nur bestimmte Eigentümer nutzen dürfen
- ➔ Gebrauchsbeschränkungen, z. B. für Gewerbe, Haustierhaltung u. v. m.
- ➔ Verteilung der Gemeinschaftskosten: Betrieb, Instandhaltung und Reparatur
- ➔ Miteigentumsanteile am Gemeinschaftseigentum (wichtig für die Verteilung der Gemeinschaftskosten)
- ➔ Abstimmungsregeln (Miteigentumsanteile, Wohnungszahl, Stimmrecht usw.)

Versammlungsprotokolle: Beschlüsse und Konflikte

Mindestens einmal im Jahr versammeln sich die Eigentümer und fällen Beschlüsse über Abrechnungen und Umlagen, Reparaturen und Investitionen, die Wahl des Verwalters und des Beirats. Jedem Eigentümer sollten die jüngsten Protokolle vorliegen, der Verwalter muss sie haben. Schauen Sie sich mindestens die letzten drei Jahre an. Schon die Länge der Protokolle ist aussagekräftig: Kurze Protokolle deuten auf eine problemlose (aber vielleicht auch desinteressierte) Eigentümerschaft hin. Aus langen Protokollen erfahren Sie mehr über Konflikte und Probleme des Hauses. Achten Sie besonders auf Diskussionen und Beschlüsse zu gezahlten oder künftigen Sonderumlagen für Reparaturen und Modernisierungen.

Abrechnung und Wirtschaftsplan: Laufende Kosten

Hier sehen Sie, was die einzelnen Eigentümer monatlich an die Gemeinschaft abführen müssen – etwa für Reparaturen, Reinigung, Gartenpflege, Müllabfuhr, Hausstrom und das Verwalterhonorar. Werden Wärme und Warmwasser zentral erzeugt, erfahren Sie auch diese Kosten. Umgekehrt gilt: Wenn z. B. die Heizung nicht enthalten ist, kommen diese Kosten gesondert auf Sie zu.

Der jüngste Wirtschaftsplan nennt die aktuellen Kosten. Ein weiterer wichtiger Punkt sind Wohngeld-Rückstände: Einzelne Eigentümer haben vielleicht ihre Umlagen nicht gezahlt. Die Folge: Die anderen drohen, auf ihren Gemeinschaftskosten sitzen zu bleiben – als Käufer möglicherweise auch Sie.

Instandhaltungsrücklage: Reparatur-Reserve

Aus der jüngsten Abrechnung oder per Frage beim Verwalter erfahren Sie, wie groß der Topf der Gemeinschaft für künftige Reparaturen ist. Ein kleiner Topf für ein älteres, potenziell schadhaftes Haus ist bedenklich. Der gut gefüllte Topf eines ordentlich wirkenden Haus macht es dagegen wahrscheinlich, dass alle absehbaren Reparaturen ohne Sonderumlage finanzierbar sind.

Verwalter: Profi oder Amateur?

Jede Eigentums-Wohnanlage hat einen Verwalter. In kleinen Anlagen ist dies manchmal ein Miteigentümer, in größeren in der Regel ein externes Unternehmen. Viele Verwalter sind für ihre Aufgabe qualifiziert – mit einer Ausbildung in Grundstücks- und Wohnungswirtschaft oder durch langjährige Praxis. Das ist aber nicht Voraussetzung: Es kann auch sein, dass die Eigentümer ihren meist größten Vermögensbestandteil einem Amateur anvertraut haben. Wenn Sie kaufen, tun auch Sie das. Wenn die Qualifikation des Verwalters unklar oder zweifelhaft ist, prüfen Sie Protokolle, Abrechnungen und den Zustand des Hauses besonders genau.

Bei Neubauten ist der Bauträger anfangs oft selbst Verwalter oder bestimmt ihn in der Teilungserklärung für maximal drei Jahre. Das kann gefährlich sein, da der Bauträger oder ein von ihm gekürter Verwalter sich bei Baumängeln eher nicht für die Erwerber engagieren wird. Ist er allzu passiv oder schädigt er gar durch sein Handeln Eigentümer, kann er aber vor Ablauf der drei Jahre aus „wichtigem Grund" abgewählt werden.

Beirat: Engagierte Eigentümer

Viele, aber nicht alle Eigentumswohnungs-Anlagen haben einen Verwaltungsbeirat. In der Regel besteht er aus einem bis drei engagierten, manchmal aber auch unerfreulich kontroll- und einflussfreudigen Eigentümern. Fragen Sie Ihren Verkäufer oder den Verwalter nach den Namen der Beiräte, klingeln Sie oder rufen Sie sie an. Beiräte wissen oft mehr als andere Eigentümer über das Haus und können kompetenter Auskunft geben. Natürlich können Sie auch aufs Geratewohl beliebige Nachbarn ansprechen.

Urteile: Streitpunkte im Haus

Fragen Sie Eigentümer, Makler, Beiräte und/oder Verwalter nach gelaufenen oder aktuellen Gerichtsverfahren, Urteilen und ihren Begründungen. Viele Eigentümergemeinschaften sind frei davon, manche streiten sich permanent. Das muss Sie nicht zwingend störend, kann aber auch im Alltag quälend sein. Klagt ein bestimmter Eigentümer oft, ist er wahrscheinlich der Querulant im Haus. War Ihr Voreigentümer häufig Kläger oder Beklagter, deutet das auf Probleme mit der Person oder mit der Wohnung hin.

AUSFÜLLHINWEIS

→ S. 127

Prüfpunkte für die Eigentumswohnung

Die wichtigsten Prüfpunkte für Eigentumswohnung sind in der Checkliste zusammengefasst. Sie können diese mit einem Plus- oder Minus-Zeichen bewerten. Notieren Sie sich weitere wichtige Aspekte, die Sie eventuell nochmals prüfen möchten. Nach Ausfüllen der Liste können Sie abgleichen, ob dieses Objekt zu Ihren Vorstellungen passt.

→ S. 129

Ausfüllhinweis Mietrendite errechnen

Die Brutto- und Nettomietrendite sind wichtige Indikatoren für Sie, ob sich der Kauf einer vermieteten oder zu vermietenden Eigentumswohnung lohnt. Sie eignen sich für einen ersten Vergleich von Immobilien mit ähnlicher Ausstattung und Lage. Deren Berechnung ist einfach.
Für eine langfristige Rentabilitätsrechnung sind zusätzlich die Mietentwicklung, der Wiederverkaufswert, die Finanzierung und Steuern wichtig. Dafür können Kaufinteressenten die kostenlosen Excel-Rechner von Finanztest nutzen (Kapitalanleger: test.de/vermietete-Eigentumswohnung; Selbstnutzer: test.de/rechner-mietenkaufen). Vermieter dürfen die Anschaffungskosten für das Gebäude in der Steuererklärung abschreiben. Eine Hilfe zur Ermittlung des Gebäudeanteils ist unter bundesfinanzministerium.de/kaufpreisaufteilung zu finden.

Altbau: Prioritäten für Sanierung und Modernisierung

Gerade bei älteren Häusern bieten sich oft mehr Umbauten an, als mit begrenztem Budget und in knapper Zeit bis zum Einzug zu leisten sind. Hier müssen Sie Prioritäten setzen: Was muss gleich sein, was sollte sein, und was ist auch später noch möglich?

Priorität 1: Schäden und technische Mängel

Am Wichtigsten ist natürlich das Beseitigen von Schäden, die Bewohner und Haus gefährden. Dazu zählen undichte Dächer, Wände, Fenster, Türen, Wasser- und Abwasserleitungen, Regenrinnen und -rohre, Feuchtigkeit in Boden und Wänden, Wasserstau am Haus, Schimmel sowie giftige und gefährliche Stoffe und Materialien. Gravierend sind Sicherheitsgefährdungen, etwa lockere Dachziegel und fehlende oder zu tiefe Brüstungen, gefährliche Elektrik – oder auch Einladungen für Einbrecher wie zum Beispiel leicht zu öffnende Erdgeschoss-Fenster zum Garten.

Priorität 2: Unwirtschaftliches und Schadensträchtiges

Bei hohem Energieverbrauch sollte möglichst rasch die Heizung modernisiert oder ausgewechselt werden. Bei schlecht gedämmten Wänden, Böden, Decken, Fenstern, Türen und sonstigen Kältebrücken empfehlen sich Dämmung und Isolierung. Auch schadhafte und zu enge Wasser- und Abwasserleitungen sollten nicht lange erhalten bleiben. Ebenso Elektroleitungen, Schalter und Stecker, die heutigen Sicherheitsanforderungen nicht entsprechen oder zu geringe Kapazität haben. Bedarf für Heimarbeitsplätze muss ebenfalls rasch gedeckt sein, vor allem Schutz der Umgebung oder des Arbeitsplatzes vor Schall, Licht, Erschütterungen und Staub.

Priorität 3: Lebensqualität und Komfort

Grundrissänderungen, neue Raumaufteilungen und Durchbrüche sind gut für Wohngefühl und Benutzbarkeit, aber nicht zwingend. Das Gleiche gilt für Anbauten oder Abrisse und für die meisten Verbesserungen im Außenraum – Balkon, Terrasse, Garten, Vorgarten, Müllplatz und Nebengebäude wie etwa Schuppen. Auch Stellplätze für Fahrrad und Auto können zur Not noch etwas warten. Barrierearmut oder -freiheit ist für Bewegliche, Jüngere ein Langfristprojekt – der Bedarf kann aber bei Unfall oder Krankheit auch recht plötzlich entstehen. Ebenfalls schön, aber anfangs nicht zwingend nötig sind größere, hellere und/oder schalldichte Fenster, neue Sanitäreinrichtungen, Küchen und Böden, Info-Technik („Smart home") und schließlich Einbruchschutz über den Basisbedarf hinaus (Schlösser, Rahmen, Alarmanlagen, Video usw.).

Quer zu de sachlichen Priorität liegt aber oft die technische: Grundlegende Maßnahmen müssen vor dem Einzug geschehen, und dann am besten gebündelt. Da Sie für größere Projekte ohnehin Experten brauchen: Beraten Sie mit ihnen, ob bei Maßnahmen von hoher Priorität solche von geringerer Priorität gleich mit erledigt werden sollen. Und ebenso, welche Maßnahmen nur vor dem Einzug geschehen können und welche auch später noch wirtschaftlich und mit vertretbarer Einschränkung der Wohnqualität möglich sind.

Energiesparen: Strenge Anforderungen

Nach jedem Eigentümerwechsel seit 2002 sind Forderungen der Energie-Einsparverordnung (EnEV) zu erfüllen:

➔ Heizkörper müssen einzeln sowie je nach Temperatur automatisch regulierbar sein (baldmöglichst nach Kauf).

➔ Warm- und Heizwasserrohre müssen gedämmt sein (Frist: zwei Jahre nach Kauf).

➔ Der Heizbrenner muss weniger als 30 Jahre alt sein – es sei denn, es handelt sich um einen Nennwert- oder Niedertemperaturheizkessel (Frist: zwei Jahre nach Kauf).

➔ Die Wärmeleistung der Heizung muss automatisch nach der Außentemperatur oder einer anderen „Führungsgröße" gesteuert sein (baldmöglichst nach Kauf).

➔ Die oberste Geschossdecke muss ausreichend gedämmt sein (Frist: zwei Jahre nach Kauf).

➔ Wer mehr als zehn Prozent von Außenbauteilen (Dach und Fassade) modernisiert oder das Haus erweitert (Anbauen oder Aufstocken), muss aktuelle EnEV-Kennwerte erfüllen.

All dies gilt nicht bei Häusern unter Denkmalschutz oder mit behördlicher Befreiung. Letztere kann ein Energie-Experte für Sie beantragen, wenn er dabei nachweist, dass die geforderten Maßnahmen unwirtschaftlich wären.

Baubeschreibung: Wichtig, aber oft lückenhaft

Besonders wichtig bei Bauträger-Angeboten ist die sorgfältige Prüfung des angebotenen Bauvertrags, insbesondere der zugehörigen Baubeschreibung. Hier verstecken sich oft Kostenfallen in fünf- oder gar sechsstelliger Höhe. Die Baubeschreibung teilt mit, was, mit welchen Materialien und Techniken (teils auch in welcher Qualitätsstufe) im Haus verbaut werden soll – und nicht zuletzt, welche Leistungen in einem Angebot inbegriffen sind.

Die Baubeschreibung ist unentbehrlich, um die zu vereinbarenden und zu bezahlenden Leistungen zu definieren – und um eine genauere Vorstellung vom Haus, seiner Bauweise und seinem Interieur zu erhalten. Sie war bei professionellen Anbietern längst üblich – schon um Streit zu minimieren, was ge- und verbaut werden solle. Für alle Bauverträge ab dem Jahr 2018 ist sie sogar gesetzlich verpflichtend. „Wesentliche Eigenschaften des Bauwerks" müssen dann beschrieben sein – unter anderem Gebäudedaten, Pläne, Grundrisse und Schnitte, Angaben zur Konstruktion, zum Innenausbau, zur Gebäudetechnik sowie zu den Sanitärobjekten, falls sie Teil des Baupakets sind.

Eine ausführliche Baubeschreibung ist sehr umfangreich – allein die Stichworte der Musterbaubeschreibung der Verbraucherzentralen bringen es auf 84 Seiten. Aber Achtung! Die Fülle des Aufgeschriebenen tarnt oft, dass wichtige Dinge nicht enthalten sind. Und das bedeutet in der Praxis stets: Der Bauherr muss sie zusätzlich bezahlen. Ein dichter Keller, die Erschließung und der Baustellenbetrieb können im Extremfall zusätzlich über 100 000 Euro kosten und damit jedes normale Häuslebauer-Budget sprengen.

Auch bei der Innenausstattung können Lücken und abweichende Wünsche teurer werden. Manche Bauträger gestatten Bauherren ein „Upgrading" auf eigene Kosten – oder gar einen kostenfreien Wechsel z. B. von Sanitärmarken, wenn die vom Käufer bevorzugte nicht teurer ist. Andere sagen: Wir liefern unsere oder keine. Wer unsere nicht will, bekommt keinen Rabatt – und muss seine Wunsch-Ausstattung zusätzlich voll bezahlen. Und die Rigidesten bauen überhaupt nur die selbst gewählte Ausstattung ein. Wer das nicht will, muss eigene Handwerker beauftragen und verliert bei Schäden im jeweiligen Bereich – bei Fliesen zum Beispiel im ganzen Bad – die Gewährleistungsansprüche des Bauträgers.

Vertrag und Bau prüfen: Rat und Hilfe

Wer nicht selbst Baufachmann ist, sollte nur mit einem Berater ans Werk gehen, der die eigenen Interessen vertritt. Das kann ein Architekt, Ingenieur oder kundiger Handwerker sein – individuell engagiert oder über eine Organisation.

Planen und Bauen sind hoch komplex. Sie sind in der Regel kein Experte; ihr Gegenüber hat weit mehr Erfahrung als Sie. Und es kann für Sie geradezu existenziell sein, dass Qualitäten und Kosten stimmen. All das spricht dafür, dass Sie sich nicht allein auf Ihren Bau-Anbieter verlassen, sondern dass Sie sich von ihm unabhängig professionell beraten lassen. Das ist vor allem in drei Stadien wichtig:

→ Vor dem Abschluss wichtiger Verträge. Kaufen Sie ein freies Grundstück, müssen vorher die Bebauungsmöglichkeiten rechtlich und technisch geklärt sein. Bestellen Sie einen Neu- oder größeren Umbau, gibt es viele Grauzonen bei Kosten, Leistungen, den Qualitäten und Umfängen der Ausstattung.

→ Vor dem Absegnen des Hausentwurfs. Auch wenn Sie viel Wohnerfahrung und genaue Vorstellungen Ihrer künftigen Lebenswelt haben, sieht ein Profi doch mehr, erkennt Schwachstellen und ungehobene Potenziale eines Entwurfs.

→ Während und nach der Bauphase. Hier ist Qualitätskontrolle in jedem Stadium gefragt, also ein geübtes Auge für Schäden, Pfusch und Mängel gefordert.

Sie können sich individuelle Helfer suchen – zum Beispiel Architekten, Ingenieure oder erfahrene Handwerker, die Sie unabhängig von Ihrem Baupartner beraten. Oder Sie wenden sich an eine Organisation, der solche Experten angehören. Auch diese müssen Sie natürlich kritisch prüfen. Denn sie präsentieren sich gern als Selbsthilfe-Organisationen von Bauherren, auch wenn es sich in Wirklichkeit (was nicht unehrenhaft ist) um Profi-Zusammenschlüsse zum Gewinn von Beratungs- und Betreuungsaufträgen handelt.

Die von solchen Organisationen geforderten Honorare können im ersten Moment erschrecken – vierstellige Summen für eine umfassende Begleitung des Bauprojekts. Diese kann sich sparen, wer Kenntnis und Zeit hat, sich um sein Neu- oder Umbauprojekt in allen Phasen zu kümmern. Für alle anderen ist die Summe eine Art Versicherungsprämie, die möglicherweise einen weit höheren Schaden durch schlechte Verträge, falsche Planung und Ausführung vermeidet.

Rat und Hilfe für Bauherren

Es gibt zahlreiche Anbieter für rechtliche und technische Beratung von Bauherren. Wir nennen nur beispielhaft überregionale Organisationen:

→ Bauherren-Schutzbund e. V.
www.bsv-ev.de

→ Verband privater Bauherren e. V.
www.vpb.de

→ Verein zur Qualitätskontrolle am Bau
www.vqc.de

Neues Recht für Bauverträge

Das Bauvertragsrecht regelt das Verhältnis zwischen Bauherren und Unternehmern – nicht zuletzt Bauträgern. Es gibt neue Regeln zur Baubeschreibung, zum Widerruf, zu Änderungen am Bau und zur Abnahme.

Verbraucherschutz und effektives Bauen sind die Ziele der Gesetzesnovelle, die der Bundestag mit Geltung seit 1. Januar 2018 beschlossen hat. Erstmals kommt im Bürgerlichen Gesetzbuch (BGB) nun ausdrücklich der „Verbraucherbauvertrag" vor, durch den „der Unternehmer von einem Verbraucher zum Bau eines neuen Gebäudes oder zu erheblichen Umbaumaßnahmen an einem bestehenden Gebäude verpflichtet wird".

Ein wesentlicher Pflicht-Bestandteil ist nunmehr die Baubeschreibung in Textform, die der Kunde „rechtzeitig" vor Vertragsabschluss bekommen muss. Für viele Anbieter ist sie schon selbstverständlich, doch mit der Novelle gibt es keine Ausnahmen mehr. Neu ist auch die Pflicht für Anbieter, einen Fertigstellungstermin zu nennen – oder bei noch ungewissem Baubeginn die Bauzeit. Bemerkenswert ist auch, dass die Baubeschreibung nichts kosten darf. Bisher kassierten einige Anbieter für sie extra.

Gestärkt ist auch das Recht von Bauherren zum Widerruf. Er ist für Neu- und größere Umbauten generell binnen 14 Tagen nach Unterschrift möglich. Darauf müssen Anbieter ihre Kunden schriftlich hinweisen – ebenso darauf, dass ein Widerruf nicht begründet werden muss, an wen er sich zu richten hat und wann die Frist beginnt und endet. Tun sie es nicht, können Bauherren sogar noch nach über einem Jahr widerrufen. Wer zurücktritt, muss allerdings für die Kosten bis zu diesem Zeitpunkt aufkommen.

Schließlich hat die Gesetzesnovelle für Bauherren ein „Anordnungsrecht" eingeführt. Sie können nach Baubeginn Änderungen durchsetzen – selbst wenn der Ausführende nicht will. Er muss dann in jedem Fall ein Nachtragsangebot machen. Aber er kann bei einer Anordnung für seine bisherigen Leistungen einen Abschlag von 80 Prozent des vereinbarten Betrags verlangen. Hält er die Änderung für unzumutbar, etwa, weil er den Mehraufwand gar nicht leisten kann, muss er das nachweisen. Und gibt es keine Einigung, trifft man sich am Landgericht vor spezialisierten „Baukammern".

Eine vierte Gruppe von Neuerungen betrifft die Abnahme des Baus. Mehr dazu auf Seite 87 im Kapitel „Schlüssel-Ereignisse".

Mieter im Objekt: Den Frieden bewahren

Wer Haus oder Wohnung vermietet kauft, sollte nicht darauf bauen, den Mieter hinausdrängen zu können. Besser ist eine friedliche Einigung – notfalls auch der Verzicht auf den Kauf.

Oft herrschen Harmonie und Freundschaft zwischen Vermietern und Mietern – nur steht davon fast nie etwas in der Zeitung. Ein Großteil aller Mietverhältnisse ist distanziert, aber unproblematisch und für alle zufriedenstellend. Die Ausnahme sind Konflikte, die für alle Beteiligten unerfreulich sind und die Sie vermeiden sollten – notfalls dadurch, dass Sie die vermietete Wohnung oder das Haus gar nicht erst kaufen.

„Kauf bricht Miete nicht"

Wenn Sie eine vermietete Immobilie erwerben, kaufen Sie das Mietverhältnis quasi mit. „Kauf bricht Miete nicht", heißt ein Rechtsgrundsatz. Das heißt: Sie werden Partei eines Mietvertrags, den Sie nicht abgeschlossen haben – und das mit Personen, die Sie sich als Vertragspartner nicht ausgesucht haben. Das ist meist unproblematisch, wenn Sie ein Objekt nur zur Geldanlage, für Ihre Altersvorsorge oder zum möglichen Gebrauch irgendwann in ferner Zukunft wollen, die Mieteinnahmen hinreichend hoch sind und reibungslos fließen. Nachweise der Mieteinnahmen sollten Sie sich vom Verkäufer vorlegen lassen.

Nach dem Erwerb sind Mieter im der Regel erleichtert, wenn sie wieder eine langfristige Wohnperspektive haben und Ruhe vor Interessenten.

Eigenbedarfsklage: Legal, aber manchmal moralisch fragwürdig

Anders sieht es aus, wenn Sie selbst in absehbarer Zeit in ein vermietetes Objekt ziehen wollen. Dann haben Sie zwei Möglichkeiten: Sie versuchen es mit einer Eigenbedarfsklage, was manchmal funktioniert, oft aber an Sperrfristen scheitert, an Mietvertrags- oder Sozialer-Härtefall-Klauseln, örtlichen Milieuschutz-Satzungen oder gerichtlich nicht anerkanntem Eigenbedarf. Verlieren Sie, droht zwischen Ihnen und dem Mieter kalter Krieg. Gewinnen Sie, dann bekommen Sie Ihre neue Wohnwelt, indem Sie jemand anderen mehr oder weniger vertreiben. Das ist legal, kann aber moralisch fragwürdig sein.

Die andere Möglichkeit: Sie reden offen mit den Mietern und fragen sie, ob sie unter bestimmten Bedingungen freiwillig ausziehen würden: zum Beispiel für Geld, nach einer Suchfrist oder mit einer Bürgschaft von Ihnen für einen anderen Vermieter. Oft genug funktioniert das – vor allem bei jüngeren Mietern, die beweglich sind und Geld gut gebrauchen können.

Bedenken Sie auch: Wenn Sie eine vermietete Wohnung kaufen, die gerade erst zur Eigentumswohnung umgewandelt wurde, gelten ohnehin lange Sperrfristen. Die Mieter dürfen dann noch drei Jahre, in Gegenden mit Wohnungsmangel sogar zehn Jahre bleiben.

Mietaufhebungsvertrag – die wichtigsten Inhalte

→ Einvernehmliche Beendigung des Mietverhältnisses und Räumung der Wohnung mit Datum

- Höhe und Zahlungszeitpunkt einer Abfindung Antwort: Oft ja
- Entschädigung des Vermieters bei späterem Auszug als vereinbart
- Vereinbarung, dass ein Verbleiben des bisherigen Mieters in der Wohnung über den vereinbarten Auszugszeitpunkt hinaus nicht als Mietverhältnis gilt
- Zuständigkeit für Schönheitsreparaturen
- Übernahme von Einrichtung und Möbeln
- Rückzahlung der Kaution
- Ausgleich noch offener Betriebskosten
- Ausschluss des Mieter-Widerrufsrechts

Ein ausführliches Vertragsmuster – allerdings ohne Abfindung – steht unter http://www.mietrecht.org/mietvertrag/miet aufhebungsvertrag-vorlage/

Besichtigung: Was Mieter hoffen – und befürchten

Ein freundlicher Austausch mit den Mietern lohnt schon während der Besichtigung. Sie kennen die alltäglichen Verhältnisse im Haus am besten und reden offener über Schwächen und Probleme als der Verkäufer. Aber Achtung: Manchmal tun sie es taktisch (oder sind taktisch unwirsch), weil sie potenzielle Mieterhöher und Eigenbedarfskündiger vergraulen wollen. Dem dient auch ihr Hinweis auf Anwalt, Mieterbund, Bewohner-Initiative und Ähnliches. Manche sind einfach nur schlecht gelaunt, weil schon wieder der Eigentümer oder Makler mit einem Fremden ins Wohn- und Schlafzimmer platzt. Nehmen Sie dennoch Hinweise auf Probleme in Haus und Wohnung ernst. Wenn Sie trotzdem noch erwerben wollen, haben Sie gute Argumente, mit dem Verkäufer um den Preis zu handeln.

Der umgekehrte Fall: Sollten Sie als Mieter kaufen?

Will der bisherige Eigentümer die von Ihnen gemietete Wohnung verkaufen, dann prüfen Sie, ob Sie die Immobilie nicht erwerben wollen und können – selbst wenn Sie bisher nie daran gedacht haben. Keiner kennt das Haus so gut wie Sie, und wenn auch der Preis stimmt, können Sie grundsätzlich zugreifen. Sie müssen dann aber rechnen: Einerseits fällt die Miete weg, andererseits haben Sie Kreditkosten. Kaufen Sie eine Eigentumswohnung, dann fällt zwar die Nebenkostenvorauszahlung an den bisherigen Vermieter weg. Doch stattdessen müssen Sie jetzt eine monatliche Wohngeldumlage zahlen, die höher ist, da sie auch Verwaltergebühren und eine Instandhaltungsrücklage enthält. Zudem können für größere Reparaturen hohe Sonderumlagen fällig sein. Dem stehen auf lange Sicht große Vorteile gegenüber: keine Eigenbedarfsklagen, (Mit-)Bestimmung über das Haus, Miet- und irgendwann Kreditratenfreiheit sowie ein schöner Gewinn, wenn Sie eines Tages ausziehen und verkaufen oder vermieten. Ist Ihr Lebensmittelpunkt zur Eigentumswohnung umgewandelt, aber seitdem noch nicht verkauft worden, dann haben Sie ein „Vorkaufsrecht“: Wenn ein Dritter Ihre Wohnung erwerben will, muss der Eigentümer Ihnen das mitteilen, und Sie können sie zu den gleichen Konditionen erwerben, nachdem Sie das schriftlich mitgeteilt haben. Leider gilt das auch für Nebenkosten bis hin zur Maklerprovision – auch wenn Sie mit dem Makler selbst nie oder nur bei Besichtigungen zu tun hatten. Es gilt kein Vorkaufsrecht, wenn der bisherige Eigentümer an Verwandte verkauft. Und manchmal ignorieren Eigentümer Ihr Recht und verkaufen an Dritte, ohne Sie zu fragen. Dann haben Sie einen Anspruch auf Schadenersatz.

Verhandeln auf heißen Märkten

Wo gute Immobilien besonders knapp und begehrt sind, können Sie aus der Masse hervorstechen: mit Tempo, guter Vorbereitung und anbieterfreundlichem Verhalten.

Taktik, Vorgehen und Verhalten

Seien Sie vor allem wachsam und schnell. Wenn Sie von einem interessanten Angebot erfahren, wenden Sie sich sofort an den Verkäufer oder Vermittler. Bei der Suche über Internet-Portale lassen Sie sich auf neu eingestellte Angebote per Mail hinweisen, lesen Sie diese möglichst sofort und seien Sie der erste, der sich auf interessant wirkende Angebote meldet. Genau prüfen können Sie später immer noch.

Ihre Taktik im Einzelnen sollte stark davon abhängen, zu welcher Gruppe der Anbieter gehört: Bei Privatleuten spielt der Gefühlsfaktor oft eine große Rolle. Wer rein kommerziell denkt, ist am stärksten von einem gut zahlenden, pflegeleichten Kunden zu beeindrucken.

Privatangebote: Kaufen mit Sympathie und Gefühl

Immobilienmärkte wirken oft hart und kalt. Aber manchmal ist auch bei Anbietern viel Emotion im Spiel, wenn sie sich von einem wichtigen Teil ihrer Lebensumwelt trennen. In gegenseitiger Sympathie mit dem Verkäufer liegt Ihre größte Chance, wenn Sie nicht der Bieter mit dem größten Konto sind. Sympathie ist Glückssache, aber Sie können nachhelfen, wenn Sie freundlich und offen sind und sich zu möglichen Gemeinsamkeiten vortasten – zum Beispiel jetzige und frühere Familien- und Lebenssituation, Gefallen an der Immobilie, Berufe, sichtbare Vorlieben vom Gartenzwerg bis zum Avantgarde-Bild an der Wand. Die Herausforderung liegt in der richtigen Mitte zwischen Kühle und Aufdringlichkeit. Wo diese Mitte liegt, ist nur im Einzelfall zu spüren.

Schon in Ihrer ersten Anfrage auf ein Privatangebot sollten Sie zwei Dinge kurz ansprechen: Ihre auch emotionale Neigung zu der Immobilie und Ihren Familien- und vielleicht Berufsstatus (siehe Musterschreiben rechts). Ihre Angaben können Sie dann bei Besichtigungen und in Interessentenmappen weiter verfeinern.

Nicht gleich mit der Zange kommen

Nicht zu empfehlen ist es, gleich bei der ersten Besichtigung mit einem Sachverständigen zu erscheinen oder mit einem ganzen Koffer mit Prüfequipment. Das wirkt für den Verkäufer oder Makler schnell anstrengend und misstrauisch. Ein einschlägiges Buch empfiehlt unter anderem eine Wasserwage, Kunststoffbehälter für Wasserproben, ein Fernglas für den Nahblick auf Dachschäden, ein Taschenmesser für kleine Schnitte in den Dämmstoff und eine Zange, um klemmende Revisionsklappen aufzustemmen. Hinterher wissen Sie zwar mehr über das Haus – aber es ist eher unwahrscheinlich, dass der Verkäufer Sie mag und bevorzugt.

Beim Ersttermin sollten Sie sich stattdessen auf Ihre wachen Augen, Papier und Stift und eine Kamera beschränken. Aber bevor Sie diese innen einsetzen, fragen Sie freundlich, ob das Fotografieren überhaupt erwünscht ist – und versichern Sie dabei gleich, dass die Bilder nur für Sie sind und kein Dritter sie sieht.

Natürlich können Sie bei großem Andrang, großen Objekten und wenig Zeit nicht umfassend prüfen. Sie wissen aber danach erstens, ob Ihr Bauchgefühl Ihnen zu- oder abrät. Zweitens haben Sie das Wichtigste erkannt und gesehen: das direkte Umfeld, die räumlichen Verhältnisse drinnen, grob den Erhaltungszustand und Modernisierungsbedarf, besondere Stärken und extreme Schwächen (siehe auch „Besichtigung", Seite 40).

Oft erhalten ernsthafte Interessenten nach der Besichtigung Zugang zu wichtigen Dokumenten. Sie können jetzt um einen zweiten Termin bitten – aber auch damit warten, bis klar ist, dass Sie nach der Papierform kaufen wollen und nicht zuletzt können. Selbst wenn der Notartermin schon verabredet ist, können Sie zur Vorklärung von Baumaßnahmen nochmals kommen und dann Ihren Experten mitbringen, ohne dass dies überkritisch wirkt. Sollten sich hierbei bisher unentdeckte Probleme herausstellen, können Sie auch jetzt noch absagen – theoretisch so lange, bis Ihnen der Notar nach Verlesung des Vertrags den Stift zur Unterschrift reicht.

Großer Andrang? Positiv auffallen

Ein Anschreiben an private Verkäufer sollte ruhig persönliche und emotionale Elemente erhalten.

Sehr geehrte Anbieter, (wenn schon bekannt, Namen einsetzen)
schon nach dem ersten Blick auf Ihre Anzeige interessieren wir uns sehr für den Kauf Ihres angebotenen Hauses / Ihrer angebotenen Wohnung. Wir sind (z. B.) die Eltern Maxi und Moritz, Kauffrau und Lehrer, sowie unsere Kinder Ernie (6) und Bertha (3). Wir würden uns freuen, wenn Sie uns berücksichtigen können. Wir bieten Ihnen eine unkomplizierte Verkaufsabwicklung, weisen Ihnen im Anhang unser Eigenkapital nach und haben mit der Bank (Bankname, wenn möglich) bereits das Darlehen vorbereitet. Damit sind wir bereit für den Gang zum Notar.
Sollte ein anderer Interessent mehr bieten als den von Ihnen genannten Kaufpreis, bitte lassen Sie es uns wissen. Wir prüfen dann rasch, ob wir mitgehen können, eventuell mit Hilfe von Verwandten.
Unsere Haus- und Wohnungssuche betreiben wir mit Verstand und mit viel Herzblut. Sie können sicher sein, dass wir Ihr Haus wertschätzen und pflegen werden. Und wenn Sie mögen, laden wir Sie nach dem Einzug und auch später gern zu Kaffee und Kuchen ein.

Ihre Familie Heimrich

Rücksicht nehmen auf gestresste Verkäufer

Beim Besichtigungstermin zeigen Sie sich rücksichtsvoll. Fragen Sie zum Beispiel, ob Sie die Schuhe ausziehen sollen, und bitten Sie um Erlaubnis, bevor Sie einen Raum unaufgefordert betreten. Lassen Sie bei der Begrüßung ein Stichwort fallen, das an Ihre Mail erinnert („Wir sind die mit den drei Kindern und vier Meerschweinchen"). Wenn Ihnen die Immobilie gefällt, lassen Sie das die Leute sofort wissen. Bei eventuellen kritischen Punkten fragen Sie freundlich-konstruktiv („Die feuchte Stelle bekommt man doch sicher leicht weg?"). Was Sie vertieft prüfen wollen, können Sie auch später noch ansprechen. Am Schluss des ersten Termins geben Sie bei Interesse die Mappe und vielleicht – das entscheiden Sie spontan – ein ganz kleines Geschenk als Dank für die freundliche Führung, ein Sträußchen oder etwas Süßes.

Einige Verhaltensregeln sollte man in allen Phasen beachten:

➔ Keine Aufdringlichkeit und kein Überschütten mit langen Mails und weitschweifigen Selbstdarstellungen.

➔ Keine Vorzugsbehandlung wegen echter oder scheinbarer Nähe erwarten oder gar einfordern.

➔ Respektieren, dass auch für Verkäufer der ganze Akt anstrengend und oft verunsichernd ist, selbst wenn sie in einer objektiv viel besseren Position sind.

➔ Einen Bausachverständigen ebenso wie Ihr eigenes Prüfequipment besser erst zum zweiten Termin mitbringen. Erstens freut sich kein Verkäufer, wenn Sie gleich beim ersten Mal gemeinsam mit einem Fachprüfer anrücken. Zweitens wissen Sie anfangs noch nicht, ob Sie überhaupt das Objekt wollen, darauf Chancen haben und die Expertengebühr gut investiert ist.

➔ Wenn der Preis klettert, einerseits Verständnis signalisieren und flexibel sein. Andererseits offen mitteilen, wenn der Preis an Ihrem Limit ist.

➔ Freundlich-souverän reagieren, wenn es am Ende nicht klappt. Vielleicht sagt der Ausersehene doch noch ab – und Sie sind dann der erste Zweitkandidat.

Bewerber-Mappe: Zur Besichtigung mitnehmen!

Ein Schreiben wie das oben stehende kann auch Teil einer Mappe sein, die Sie auf der Besichtigung überreichen. Nützlich ist darin auch ein Eigenkapitalnachweis (siehe „Das können Sie sich leisten“, Seite 15), möglichst 25 bis 40 Prozent des Kaufpreises: Kopie von Bank- oder Bauspar-Kontoauszügen. Nicht zu viele einzelne Dokumente, keine zu hohen Summen (kann angeberisch wirken). Bei Kindern passt ein selbst gemaltes Bild „Familie im oder ums Haus“, für rein erwachsene Interessenten ein freundliches kleines Foto von Ihnen.

Kommerzielle Angebote: Chancen bei großem Andrang

Antworten Sie auf interessante Angebote rasch und recht knapp. Neben der Bitte um einen Besichtigungstermin reicht die Mitteilung, dass Ihre Finanzierung rasch und problemlos möglich ist. Beim ersten Termin stellen Sie nicht zu viele Fragen und kritische nur vorsichtig. Bei Interesse geben Sie eine Mappe mit kurzem Brief ab, wenn Sie nicht zu einer Mail oder dem Ausfüllen eines Bewerbungsbogens aufgefordert werden. Wenn Sie in der engeren oder gar engsten Wahl sind, bekunden Sie weiter ihr starkes Interesse. Sie können sogar schon einen Notartermin vereinbaren und haben dann immer noch Zeit für eine genauere Prüfung: Der Notar fordert Unterlagen an, setzt den Vertrag auf, schickt Ihnen den Entwurf – und wenn Ihr Verkäufer ein Unternehmen statt einer Privatperson ist, dann ist eine Prüfungsfrist von zwei Wochen bis zur Beurkundung vorgesehen. Deren Termin müssen Sie dann auch noch vereinbaren. Auch dann ist bis zur Beurkundung jeder Schritt unverbindlich.

Zur Deckung Ihres weiteren Klärungsbedarfs können Sie auch jetzt noch um eine Besichtigung bitten, am besten in Begleitung eines Experten – Sie wollen schließlich für ihr künftiges Heim technische und wirtschaftliche Details klären. Wenn Sie den Makler um Unterlagen und Informationen bitten, appellieren Sie an seine Professionalität (auch in diesem Berufsstand gibt es einen gewissen Stolz).

Verkäuferverhalten

Verhalten/Auffälliges	Möglicher Hintergrund
Heftiges Drängen zum raschen Erwerb	Persönliche Not oder schwere Verkäuflichkeit
Ausweichen bei konkreten und kritischen Fragen, flüchtige oder keine Führung durch einzelne Räume, verweigerte Unterlagen	Versuch, Schwachpunkte zu verbergen
Wortschwälle	Persönliche Schwäche oder der Versuch, Fragen zu verhindern und von Schwächen des Objekts abzulenken
Bei Fragen Ausweichen oder Abwehren	Schwachpunkt getroffen!
Schroffheit bei Verhandlungsversuchen, völlige Unnachgiebigkeit	Sturheit, Realitätsfremde oder Glauben an hohe Begehrtheit des Objekts
Unverbindliche Versprechen und Ankündigungen	Einlull-Versuch
Warnung, Nachbarn oder Verwalter anzusprechen oder Ihnen zu glauben	Konflikt mit Nachbarn, Verwalter oder Miteigentümern
Oberflächensanierung (z. B. frische Farbe)	Anschein besser als Substanz dahinter
Eigenartig und offenbar temporär gestellte Möbel und Hausrat	Tarnung von Schwachstellen
Besichtigung nur abends im Dunklen	Tarnung von Schwachstellen und Tageslicht-Mangel
Inszenierter Wohlgeruch (Raumspray, Kaffee, Duftkerzen, Rauch) oder im Winter offenes Fenster	Tarnung schlechter Gerüche
Musik, andere inszenierte Geräusche	Tarnung von Lärm
Fehlende und unordentliche Unterlagen, Chaos im Haus	Objekt so vernachlässigt wie die Ordnung darin

Zeitdruck – echt oder vorgetäuscht?

Oft besteht echter Zeitdruck für Kaufinteressenten, manchmal suggerieren ihn Anbieter bloß – gerade bei Objekten mit Mängeln. Indizien für künstlich aufgebauten Zeitdruck sind:

→ Das Objekt wird schon länger oder von mehreren Maklern angeboten.

→ Sie bekommen einen raschen Besichtigungstermin geradezu aufgedrängt und sind dort allein oder mit wenig anderen Interessenten

Eine andere Möglichkeit herauszufinden, ob der Zeitdruck nicht echt ist: Lassen Sie einen Bekannten beim Makler oder Verkäufer erfragen, ob wegen einer Reise auch ein Termin in 14 Tagen möglich ist. Falls ja, können Sie sich entspannen.

Bieterverfahren: Pokern ums Haus

Eine recht neue (Un-)Sitte auf heißen Immobilienmärkten ist das Bieterverfahren. Es ist nicht geregelt und läuft im Detail unterschiedlich ab. Sein Kern: Der Anbieter nennt gar keinen Preis – oder der genannte erweist sich als unverbindlich, wenn das Interesse groß ist. Sie werden entweder aufgefordert, ein höheres Gebot abzugeben, oder Sie merken, dass Sie so eine größere Chance haben – oder überhaupt nur dann eine. Die transparente Variante läuft ab wie eine Versteigerung: Der Anbieter nennt den jeweils höchsten gebotenen Preis und fragt Sie, ob Sie mehr bieten. In der intransparenten Variante versucht er das Maximum aus Ihnen herauszukitzeln und fordert Sie auf, Ihr Höchstgebot zu nennen. Es ist dann Ihrem Fingerspitzengefühl und Ihrem Drang zum Objekt überlassen, ob Sie das gleich tun oder ob Sie sich noch Spielraum zum Drauflegen lassen.

So oder so sind Sie nun unfreiwilliger Teilnehmer einer Versteigerungs- oder gar Pokerpartie. Wie dort ist stets eines wichtig: Definieren Sie Ihren Maximalpreis für das Objekt. Als Grundlage dafür dienen der örtliche Markt, Ihr Budget sowie last not least der subjektive Wert, den diese spezielle Immobilie für Sie hat. Offenbaren Sie Ihren Maximalpreis dem Anbieter nur, wenn Sie fürchten, sonst aus dem Spiel zu fallen. Und überschreiten Sie ihn nicht!

UNSER RAT

Unverbindlich bieten!

Wichtig zu wissen ist im privatem Bieterverfahren: Kein Angebot ist rechtlich verbindlich. Sie können erst einmal bieten, dann als ausersehener Käufer nach Vereinbarung des Notartermins auch die kritischen Punkte ansprechen und versuchen, Ihrerseits etwas herauszuholen: bestimmte Reparaturen auf Kosten des Verkäufers, vielleicht Einrichtungsgegenstände oder – wenn der Veräußerer sich fast am Ziel wähnt – doch wieder einen gewissen Nachlass auf den hohen Preis, damit er rasch zum erstrebten Verkauf kommt.

Verkäuferverhalten und Verdacht

Objekt und Verkäufer sind zweierlei. Doch Verhalten und erkennbare Eigenschaften des Verkäufers oder Maklers erlauben zumindest Vermutungen, denen man näher nachgehen sollte. Kleinere Merkwürdigkeiten sind kein Anlass zur Paranoia, aber große und gehäufte sollten Anlass zur Vorsicht geben.

Reservierungsvereinbarung: Oft vergeblich und teuer

Verkäufer versuchen oft, Interessenten mit einer Art Vorvertrag zu locken. Das wirkt auf den ersten Blick günstig, wenn das Objekt begehrt ist. Doch ohne Abschluss beim Notar ist eine solche Vereinbarung unverbindlich. Überdies kostet sie oft viel Geld.

Der Wert einer Reservierungsvereinbarung wird von Kaufinteressenten oft überschätzt. Sie bleibt nämlich für beide Seiten unverbindlich, wenn sie nicht vor einem Notar abgeschlossen worden ist. Ein Makler kann sich selbst dann nur verpflichten, dass er selbst das Objekt keinem Dritten anbietet. Er kann nie garantieren, dass sich auch der Verkäufer daran hält. Sinnvoll kann eine nicht-notarielle Vereinbarung mit einem Privatanbieter sein – nicht als Rechtsanspruch, sondern als gegenseitiges Versprechen.

Wenn der Anbieter für eine solche Vereinbarung Geld verlangt, wird es kritisch. Dann hat er Sie oft in der Hand und kann

Ihnen später ungünstige Vertragsbedingungen aufdrängen. Das kann auch passieren, wenn Sie schon einen Kaufpreis und eine Rückzahlung der Gebühr für den Fall vereinbaren, dass Sie später doch nicht zu diesem Preis zum Zug kommen. Lehnen Sie dann einen in anderer Hinsicht ungünstigen Vertrag ab, ist Ihr Geld weg. Eine Gebühr sollte nur vereinbart werden, wenn Sie sie bei einem Rückzug des Verkäufers zurückbekommen sowie bei Problemen, die Sie nach der Vereinbarung am Objekt feststellen – einschließlich Schäden, Mängeln, drohenden Verbindlichkeiten und Gebrauchsbeschränkungen. Kaum ein Verkäufer wird sich allerdings darauf einlassen, dass Sie wegen einer nicht erhaltenen Finanzierung zurücktreten können. Denn das könnten Sie ja stets behaupten.

Vereinbarung nie spontan abschließen

Vor allem bei kommerziellen Angeboten sollten Sie eine Reservierungsgebühr allenfalls finanziell bekanntermaßen nachhaltigen Unternehmen vertrauen – wozu im Zweifel ein kleiner Bauträger oder ein Maklerbüro nicht gehören. Ganz grundsätzlich: Lassen Sie sich nie beschwatzen, eine solche Vereinbarung spontan bei der Besichtigung zu unterschreiben. Wer Ihnen das aufdringen will, ist unseriös. Und lassen Sie den Text vor Ihrer Unterschrift rasch von einem rechtskundigen Berater prüfen – und wenn auf die AGB des Maklers verwiesen wird, auch diese.

Eine notarielle Beurkundung ist zwar sicher, bindet aber natürlich auch Sie als potenziellen Käufer. Vor dem Notartermin sollten Sie sicherstellen, dass nicht noch Erkenntnisse auftauchen, die eine Senkung des Preises rechtfertigen – etwa Schäden oder Einschränkungen im Grundbuch. Zudem sollten Sie die Finanzierung des Preises geklärt haben, der im Reservierungsvertrag genannt ist.

Reservierungsvereinbarung

Elemente eines Vertrags unter Privatleuten sollten sein:

- ➔ Namen des Verkaufs- und des Kaufwilligen
- ➔ Reservierung des Hauses für einen Kaufpreis von_______ bis_______ (Datum).
- ➔ Der Verkaufswillige verpflichtet sich, bis zum Schlussdatum keine Verhandlungen mit Dritten zu führen
- ➔ Der Kaufwillige zahlt sofort (Überweisung bis drei Werktage nach Vereinbarung) die Summe xy.
- ➔ Diese Summe wird nach Abschluss eines notariellen Kaufvertrags unverzüglich zurückgezahlt oder wenn der Vertrag aus Gründen nicht zustande kommt, die der Verkaufswillige zu vertreten hat. Zu solchen Gründen zählen auch Schäden, Mängel, Verbindlichkeiten und Gebrauchsbeschränkungen des Objekts, von denen der Kaufwillige erst nach Abschluss dieser Vereinbarung erfährt.

Reservierungsgebühr nicht mit Provision verquicken

Ein Berliner Gericht hat kürzlich die zahlungspflichtige Reservierungsvereinbarung eines Maklers für ungültig erklärt (LG Berlin Az. 15 O 152 –16; nicht rechtskräftig). In diesem Fall war vereinbart, dass die Gebühr nach einem Kauf auf seine Provision angerechnet würde. Makler dürfen aber nur Provision verlangen, wenn das Geschäft schon getätigt ist, nicht schon vorher. Reservierungsgebühr und Provision dürfen also vertraglich nicht miteinander verwoben sein. Wohl aber in ihrer Höhe: Nach einem älteren Urteil des Bundesgerichtshofs (BGH Az. 4 a ZR 102–85) darf die Reservierungsgebühr höchstens 10 bis 15 Prozent der bei einem Kauf fälligen Maklerprovision betragen.

Grundbuch: Inhalt und Bedeutung

Das Grundbuch enthält Basisinformationen über Eigentumsverhältnisse, die Rechte Dritter und die Gläubigerbanken des Eigentümers. Wichtig und oft ärgerlich sind Vorkaufsrechte.

Das Grundbuch beim Amtsgericht enthält wichtige Basisinformationen: Wem gehört das Objekt, wer hat welche Rechte darauf, und dient es als Sicherheit für Schulden? Als Kaufinteressent kann man es aber nicht einfach so beim Amtsgericht einsehen – das geht nur bei „berechtigtem Interesse", zum Beispiel für direkte Nachbarn und Gläubiger der Eigentümer. Bei ernsthaftem Interesse sollten Sie den Verkäufer um einen beglaubigten Grundbuchauszug oder um eine Vollmacht bitten, damit Sie bei Gericht das Grundbuch einsehen können.

Vorn steht das Bestandsverzeichnis. Hier ist das Grundstück definiert – auch seine eventuellen Veränderungen, wenn es zum Beispiel mit einer anderen Parzelle zusammengelegt worden ist. Dann folgen die drei sogenannten Abteilungen:

Abteilung I: Wem gehört das Grundstück?

Hier stehen die wichtigsten Angaben im Grundbuch – nämlich die über die Eigentümer. Jeder Eintrag hat in der ersten Spalte eine laufende Nummer; in der zweiten stehen die Eigentümer. Spalte 4 nennt die Gründe für die Eintragung. Meist ist es die Auflassung – der Fachbegriff für die Eigentumsübertragung.

Abteilung II: Wer kann wie verfügen?

Hier finden sich vor allem Einschränkungen für Eigentümer. Die Grunddienstbarkeiten beziehen sich auf den physischen Gebrauch des Grundstücks – etwa das Recht bestimmter Anderer oder der Allgemeinheit, einen Weg zu benutzen oder Leitungen zu legen. Zum Beispiel hat ein früherer Eigentümer den hinteren Teil seines großen Gartens als Baugrundstück verkauft und dem Erwerber ein Wegerecht am Rand seines eigenen Grundstücks garantiert. Dies muss dann auch der Käufer akzeptieren.

Außerdem kann es in Abteilung II um bestimmte Verfügungs- und Nutzungsrechte gehen, etwa Vorkaufs- oder Erbbaurechte oder die Ansprüche auf laufende Erträge. Hier können auch Wohnrechte eingetragen sein und die stärkste Verfügungsform eines Dritten – der „Nießbrauch": Ein anderer als der Eigentümer kann hier wohnen und sogar die Immobilie an Dritte vermieten. Es ist für einen Externen natürlich wenig sinnvoll, eine solche Immobilie zu kaufen, wenn er nicht auf den Tod des Rechteinhabers spekulieren will.

Wichtig beim späteren Kauf ist hier die Vormerkung: Sie stellt sicher, dass ein Eigentümer das Grundstück nicht mehrfach verkaufen kann, um dann womöglich mit dem Geld zu verschwinden.

Abteilung III: Wer hat welche Gläubiger-Rechte?

In Abteilung 3 stehen die sogenannten Grundpfandrechte – in der Regel die von Banken. Mithilfe dieser Rechte können sie das Grundstück verwerten, falls dessen Eigentümer den Kredit nicht mehr wie vereinbart bedient. Wechselt der Eigentümer, dann wechselt meist auch die Bank. Das alte Grundpfandrecht wird durchgestrichen und das neue eingetragen.

Neugierige Käufer oder Kaufinteressenten können nicht aus der Höhe des Grundpfandrechts auf die Schulden des bisherigen Eigentümers oder auf dessen Kaufpreis beim Einstieg schließen. Es orientiert sich meist an der ursprünglichen Kredithöhe, und nach längerer Zeit ist meist ein Teil oder alles getilgt. Manchmal wird es auch als Sicherheit für einen ganz anderen Kredit eingetragen. Das Grundpfandrecht kann viel niedriger sein als der einstige Kaufpreis, wenn der Eigentümer einen größeren Teil davon mit Eigenkapital bezahlt hat. Es kann auch höher sein, wenn der Kauf lange her sowie der Wert der Immobilie seitdem gestiegen ist und Bank und Eigentümer dies als Sicherheit für einen neuen Kredit nutzen.

Vorsicht beim Vorkaufsrecht

Sie schließen einen Immobilien-Kaufvertrag ab – doch ein Dritter hat ein „Vorkaufsrecht" und erwirbt das Objekt. Das kann dreifach ärgerlich sein: Sie bekommen nicht das schöne Objekt; Sie haben womöglich den Darlehensvertrag unterschrieben und bekommen Probleme mit Ihrer Bank, die Ihnen eine „Nichtabnahme-Entschädigung" aufdrückt. Und Sie müssen, wenn Sie Pech haben, auch noch die Kosten des Notarvertrags für Ihren nutzlosen Vertrag zahlen. Doch meist kann man vorher herausbekommen, ob ein Vorkaufsrecht besteht:

- Es kann im Grundbuch stehen.
- Es besteht stets von Gesetz wegen zugunsten des Mieters, wenn ein Mietshaus in Eigentumswohnungen umgewandelt ist, aber die betreffende Wohnung danach noch nicht verkauft wurde.
- Die Gemeinde kann es für bestimmte Gebiete beanspruchen – grob gesprochen dort, wo stadtplanerische Aktivitäten laufen und Beschränkungen gelten oder das eine oder andere zu erwarten ist. Die Fälle sind vielfältig und kompliziert. Versuchen Sie im Zweifel, auf dem Bauamt herauszufinden, ob die Gemeinde für Ihr Wunsch-Objekt ein Vorkaufsrecht hat und ausüben will.

Stellen Sie ein privates Vorkaufsrecht fest, nehmen Sie mit dessen Inhaber Kontakt auf. Signalisiert er, dass er zu Ihren vorgesehenen Konditionen kaufen will, dann können Sie sich alles Weitere sparen. Es sei denn, Sie würden mehr zahlen, der Rechte-Inhaber aber nicht. Sondieren Sie dies vorsichtig. Um jedes Risiko zu vermeiden, können Sie auch versuchen, sich den Verzicht auf das Recht zu erkaufen. Aber wenn ein Berechtigter den Braten riecht, kann das für Sie teuer werden.

Kataster: Grundlage fürs Grundbuch

Wie groß ist das Grundstück wirklich; wo sind seine Grenzen? Wenn das unsicher ist, etwa, weil es keinen Zaun gibt oder er versetzt wurde, vergewissern Sie sich auf dem Vermessungs- oder Katasteramt der Gemeinde oder des Kreises, in der oder in dem das Grundstück liegt. Hier ist jedes Flurstück auf einer amtlichen Karte verzeichnet, die seine Grenzen verbindlich definiert. Falls diese Grenzen nicht mit den draußen auf dem Grundstück sichtbaren übereinstimmen, dann hat die Karte recht und nicht der Augenschein. Denn das Kartenwerk auf dem Amt ist schwerer manipulierbar als eine Grenzmarkierung draußen.

Nicht identisch mit dem Liegenschaftskataster ist das für Kataster für Altlasten, meist auf dem Umweltamt zu finden. Hier sollten Sie Einsicht nehmen, wenn ein Grundstück früher von Gewerbe, Militär, als Müll- oder Schuttplatz genutzt wurde oder aus anderen Gründen ein Altlasten-Verdacht besteht.

Finanzieren

Wenn Sie sich für eine Immobilie entschieden haben, stehen umgehend die nächsten Schritte an. Wichtig ist in dieser Phase, dass Sie alles im Blick behalten. Schließlich werden Sie vieles parallel organisieren müssen: unter anderem die für Sie passende Finanzierungsvariante vereinbaren, einen Notar suchen und den Vertragsentwurf prüfen. Und: Bereits jetzt sollten Sie über den richtigen Versicherungsschutz nachdenken.

Der Weg zum besten Kredit

Wenn Ihre Wunsch-Immobilie gefunden ist, brauchen Sie meist schnell einen Kredit. Wichtig ist, dass Sie mit positiver Einstellung in die Bankverhandlungen gehen.

Ganz am Anfang Ihrer Suche haben Sie ermittelt, wie hoch Ihr Eigenkapital ist und welche Kreditraten Sie schultern können (siehe „Budget-Ermittlung", Seite 15). Nun haben Sie ein konkretes Objekt, für das Sie eine Finanzierung brauchen. Bevor Sie einen Finanzierungs- und einen Kaufvertrag abschließen, sollten Sie Ihre gesamten Finanzen systematisch ermitteln und mit Ihrem Budget abgleichen – sowohl in puncto Kaufpreis und Nebenkosten als auch im Hinblick auf die laufenden Kosten.

Keine Angst vor Banken und Schulden

Arbeitsaufwand und Aufregung können bei der Beschaffung des Kredits größer sein als beim Kauf der Immobilie selbst. Sie brauchen bei der Bank mehr Unterlagen als beim Verkäufer und dem Notar, und Sie müssen weit tiefere Einblicke in Ihre Einkommens- und Vermögensverhältnissen gewähren. Vor allem – das belastet viele Käufer am stärksten – haben Sie plötzlich Schulden in meist sechsstelliger Höhe und brauchen Jahrzehnte, um sie in monatlichen, nicht gerade niedrigen Raten abzuzahlen. Doch was ist, fragt sich manch ein Immobilienkäufer, wenn ich das irgendwann nicht mehr kann?

Grundsätzlich gilt: Der Kauf einer Immobilie kann sich für Sie auch lohnen, wenn Sie Haus oder Wohnung schon vor dem Ende der Kreditlaufzeit weiterverkaufen. Bei näherem Hinsehen sind außerdem die meisten Hindernisse auf dem Weg zur Wunschimmobilie gut zu bewältigen und viele Ängste überflüssig.

→ Die Dokumente, die Sie brauchen, liegen Ihnen zum größten Teil bereits vor. Den Rest können Sie meist problemlos beantragen (siehe auch „Unterlagen für das Kreditgespräch", Seite 69). Je früher Sie sie sichten, sortieren und fehlende Dokumente beschaffen, umso weniger Stress haben Sie. Bedenken Sie, dass mitunter einige Wochen vergehen können, ehe Ihnen von Behörden die angeforderten Bescheinigungen ausgestellt werden.

→ Keine Angst vor Peinlichkeiten: Die Bankangestellten prüfen distanziert und kühl wie Ärzte Ihre finanziellen Mittel. Es ist nicht mehr als ihr Job, sich mit der finanziellen Situation ihrer Kunden zu beschäftigen.

→ Das Objekt, für das Sie sich entscheiden, sollte wertbeständig sein. Wenn in die Finanzierung Ihr Eigenkapital mit einfließt, steht Ihren Schulden von Anfang an ein größeres Immobilienvermögen gegenüber. Kommt es dennoch dazu, dass Sie verkaufen wollen oder müssen, behalten Sie dennoch Geld übrig.

→ Auch Mieter zahlen über Jahrzehnte Monatsraten. Ihr Vorteil: Wenn Sie schuldenfrei sind, zahlen Sie keine mehr, sondern nur noch die monatlichen Nebenkosten.

→ Der Zins ihres Kredits ist heute meist niedriger als die Miete einer vergleichbaren Wohnung. Was Sie über den Zins hinaus an Tilgung zahlen, mindert im gleichen Umfang Ihre Schulden – Ihr Netto-Vermögen steigt. Und es mindert Ihre Zinslast, was Ihnen später eine noch schnellere Entschuldung ermöglicht.

→ S. 133

Ausfüllhilfe Finanzbedarf – finaler Check

Kreditbedarf: Der endgültige Kaufpreis der Immobilie ist einer der wichtigsten Faktoren um die Kredithöhe zu ermitteln. Erst wenn der Kaufpreis feststeht, können Sie Ihren finalen Finanzbedarf errechnen. Dazu kommen auch noch Posten, die Ihren Kreditbedarf um viele Tausend Euro erhöhen können: Grunderwerbssteuer, Notar- und Maklergebühren oder auch notwendige Sanierungskosten. (Die Kaufnebenkosten können Sie mit dem Arbeitsblatt auf Seite 131 erstellen.) Von dem Finanzbedarf, den Sie so ermittelt haben, ziehen Sie Ihr Eigenkapital ab. Übrig bleibt der Kreditrahmen, den Sie aufnehmen müssen.

Maximale Kreditrate: Wichtig ist ein genauer Blick auf Ihr „finales" monatliches Budget, die laufenden Kosten und die Betriebskosten der neuen Immobilie. Posten wie Kindergeld sind Ihnen bereits bekannt. Andere können Sie mit Nachfragen und durch Recherchen gut eingrenzen.

Tipp: Legen Sie die ausgefüllte Liste beim Kreditantrag in der Bank vor. So zeigen Sie, dass Sie sich intensiv mit Ihrer finanziellen Situation beschäftigt haben.

Kredit-Bausteine: Das Optimum gestalten

Für Ihre künftige Immobilie müssen Sie das optimale Finanzierungsmodell ermitteln, das Ihrer Finanzkraft und Ihren Zukunftsperspektiven entspricht. Sie können an vielen Stellschrauben drehen: Kredit- und Ratenhöhe, Zinssatz, Laufzeit, Tilgungen und anderem.

Fast jeder private Immobilienfinanzierer nimmt einen Annuitätenkredit auf – auch wenn dieser Begriff kaum noch verwendet wird. Dabei handelt es sich um ein Darlehen, bei dem für eine festgelegte Zeit die monatliche Rate stets gleich hoch ist. Sie setzt sich aus Zins und Tilgung zusammen. Der Zins ist ein stets gleicher Prozentsatz der aktuellen Kreditschuld. Bei einem Kredit von 100 000 Euro und 2,4 Prozent Zinsen (0,2 Prozent pro Monat) zahlen Sie im ersten Monat 200 Euro Zinsen. Haben Sie eine Monatsrate von 500 Euro vereinbart, fließen die restlichen 300 Euro in die Tilgung, sodass die Restschuld auf 199 700 Euro sinkt.

Im zweiten Monat verringern sich die Zinsen etwas auf 199,40 Euro (199 700 Euro x 0,2 Prozent). Da die Gesamtrate gleich bleibt, tilgen Sie jetzt 300,60 Euro. Mit jedem Stück Schuldentilgung mindern Sie also die Zinszahlung, die künftig fällig ist. Dagegen wächst jeweils die Tilgung – Ihr Schuldenabbau beschleunigt sich. Nach einem Jahr besteht die Monatsrate aus 195,17 Euro Zinsen und 304,83 Euro Tilgung, nach zehn Jahren nur noch aus 119,48 Euro Zinsen und 380,52 Euro Tilgung. Gegen Ende der Laufzeit sind sie fast schuldenfrei: Ihre letzten Raten bestehen dann fast nur noch aus Tilgung.

Bei diesem fast immer gleichen Grundaufbau gibt es sechs Variablen, mit denen Sie Ihren Kredit anpassen können:

1. Kredithöhe

Ermitteln Sie Ihren finalen Finanzbedarf. Neben dem Kaufpreis und den Nebenkosten kommen nicht selten auch die Kosten einer Renovierung, Sanierung oder Modernisierung dazu. Vielleicht müssen Miete und Kreditraten parallel gezahlt werden. Ein weiterer Punkt sind die Umzugskosten und die Aufwendungen für neue Möbel und Einbauten.

Sie brauchen so viel Kredit, dass Sie mit ihm und dem Eigenkapital nicht nur den Kaufpreis, sondern alle parallel zum Kauf anfallenden Kosten decken können. Liegt Ihr

Kreditbedarf über 80 Prozent des Kaufpreises oder wären die Raten zu hoch für Sie (siehe Arbeitsblatt „Budgetermittlung", Seite 101 und „Mögliche Höhe der Kreditrate", Seite 103), dann geht es darum, entweder Ihr Eigenkapitel zu erhöhen oder Einsparpotenzial zu ermitteln. Quellen für Eigenkapital können zum Beispiel Verwandte sein, die Ihnen Geld leihen. Viele Kosten können Sie auch beeinflussen oder senken. Vielleicht entscheiden Sie sich dafür, mit Ihren alten Möbeln in die neue Immobilie zu ziehen oder Sie verschieben den Ausbau des Dachgeschosses. Haben Sie dagegen mehr als genug Eigenkapital, können Sie überlegen, ob Sie weniger Kredit aufnehmen und dadurch ihre Zins- und Tilgungslast reduzieren. Eine weitere Möglichkeit: Sie schöpfen Ihr Kreditpotenzial voll aus und brauchen nicht Ihr volles Eigenkapital einzusetzen.

2. Kreditzins

Der Zins gehört zu den größten Kostenfaktoren einer Immobilie. Bei einer ungünstigen Finanzierung kann sein Gesamtbetrag im Lauf der Jahre und Jahrzehnte sogar höher sein als Ihr unmittelbarer Kaufpreis. Und schon ein halber Prozentpunkt Unterschied zwischen zwei Krediten kann sich über die Jahre zu einem Kostenunterschied von weit über 10 000 Euro auswachsen. Aber gibt es einige Punkte, um am Zins zu drehen:

→ Suche/Auswahl der Finanzierungsform.

→ Ihre eigene Bonität. Zwar können Sie viele Faktoren nicht beeinflussen, einige aber durchaus: Mehr angespartes Kapital, zusätzliche Sicherheiten (etwa eine Lebensversicherung) oder Bürgschaften von solventen Verwandten.

→ Der Kreditanteil am Wert der Immobilie. Beträgt er nur 50 Prozent, zahlen Sie weniger Zins als bei einer 80-prozentigen Bankfinanzierung.

→ Die Dauer der Zinsbindung. Schreiben Sie den Zinssatz für fünf oder zehn Jahre fest, zahlen sie deutlich weniger Zins als bei 15 oder gar 20 Jahren Bindung. Die kurze Bindung ist mit einem Risiko behaftet: Ist nach dieser Zeit der Marktzins deutlich gestiegen, kann Ihre Monatsrate für einen Anschlusskredit in die Höhe schießen.

UNSER RAT

Kreditvergleich: Günstige Zinsen bis zum Schluss

Immobilien sind vor allem in Ballungsräumen teurer geworden. Auch die Rahmenbedingungen am Immobilienmarkt haben sich verschlechtert. Trotzdem kann sich ein Kauf lohnen, denn die Zinsen lagen Ende 2018 noch immer weit unter ihrem langjährigen Durchschnitt. Einige Banken boten zu dem Zeitpunkt sogar Kredite mit einer Zinsbindung von 20 Jahren zu Zinssätzen unter 2 Prozent jährlich an. So sind Kosten langfristig kalkulierbar. Auf test.de/immobilienkredite finden Sie aktuelle Untersuchungen zum Immobilienkreditmarkt.

3. Tilgung

Beim Abschluss des Kreditvertrags vereinbaren Sie mit Ihrer Bank, wie viel Prozent des Darlehens Sie im ersten Jahr – verteilt auf zwölf Monatsraten – tilgen wollen. Das Minimum ist meist 1 bis 2 Prozent des Darlehens, allerdings haben viele Banken die Mindesttilgung angehoben. Ist die Tilgung höher als dieses Minimum, dann beschleunigt sich Ihre Entschuldung. So wird das Risiko gesenkt, dass Sie irgendwann die gestiegenen Zinsen und Raten nicht mehr zahlen können. Falls Sie mit der gleichen oder einer anderen Bank über eine Anschlussfinanzierung verhandeln, sind Sie mit bereits stark gesenkten Schulden in einer besseren Position. So können Sie, über viele

Jahre gerechnet, Zinszahlungen in fünf- bis sechsstelliger Höhe sparen. Es gibt sechs gängige Wege zu einer höheren Tilgung:

→ Sie vereinbaren mit der Bank eine höhere Regeltilgung als 1 Prozent im ersten Jahr.

→ Sie vereinbaren, dass Sie Ihre Monatsrate in einem bestimmten Rahmen ändern können. In guten Zeiten zahlen Sie eine hohe Rate, in schlechten Zeiten eine niedrige. Bei vielen Banken ist diese Flexibilität standardmäßig im Vertrag enthalten. Meist können Sie im Zeitraum der festen Zinsbindung ein- bis zweimal die Ratenhöhe wechseln.

→ Sie vereinbaren die Option auf Sondertilgungen. Auch das bieten manche Banken routinemäßig – etwa in Höhe von jährlich bis zu 5 Prozent des anfänglichen Darlehens. In guten Jahren schöpfen Sie das aus, in schlechten lassen Sie es einfach.

→ Wenn die Zinsbindung nach meist fünf bis 20 Jahren ausläuft, können Sie zum Tag des Zinswechsels einen so großen Teil des Kredits tilgen, wie Sie gerade können.

→ Wenn Sie ein Bauspardarlehen aufnehmen können, sind anschließend Sondertilgungen nach Belieben möglich.

→ Beim Auslauf der Zinsbindung vereinbaren Sie mit Ihrer oder einer anderen Bank neue Tilgungskonditionen – etwa eine höhere monatliche Tilgung oder die dargestellten Wechsel- oder Sondertilgungsoptionen.

4. Darlehen splitten

Statt eines Darlehens können Sie auch zwei oder drei Darlehen bei einer Bank aufnehmen, um Ihren Kreditbedarf abzudecken. Ein Teil ist dann der Fels in der Brandung: Der Zins liegt sehr lange fest, Sie tilgen langsam. Der andere Teil ist Ihr bewegliches Schiff: Der Zins ist niedriger und liegt nur fünf oder zehn Jahre fest. Danach entscheiden Sie, wie viel Sie auf einmal tilgen.

Ein Nachteil des Darlehenssplittings: Als Kunde binden Sie sich damit sehr stark an eine Bank. Läuft die Zinsbindung eines Teildarlehens aus, dann haben Sie kaum die Möglichkeit, zu einer anderen Bank zu wechseln. Denn Ihre alte Bank wird den ersten Rang im Grundbuch nicht freigeben, solange das andere Darlehen noch läuft.

5. Mehrere Geldgeber

Eine weitere Möglichkeit: Sie nehmen nicht nur einen gängigen Bankkredit, sondern dazu Mittel der KfW (siehe auch Seite 68) oder einer Bausparkasse auf. Bei jedem Geldgeber unterscheiden sich die Finanzierungs-Konditionen. Sie können einen Mix aus Zinsen, Zinsbindungsdauern, Tilgungshöhen und Tilgungsoptionen schaffen. Beispielsweise nehmen Sie ein Bankdarlehen mit zehnjähriger Zinsbindung und Optionen auf Sondertilgung, ein günstiges KfW-Darlehen, das Sie in den ersten Jahren gar nicht tilgen müssen, sowie einen Bausparvertrag, den Sie besonders rasch tilgen können.

6. Nebenbedingungen

Wertermittlungskosten, Teilauszahlungszuschlag, Bereitstellungszins und mehr – diese Gebühren können rasch vierstellige Höhen erreichen. Wenn Sie um diese verhandeln, sind Ihre Aussichten umso größer, je besser Sie den Markt kennen und Sie die Preise anderer Anbieter erwähnen.

UNSER RAT

Spontantilgung lohnt nicht!

Unüblich ist es, der Bank zu einem willkürlichen Zeitpunkt Geld zur Entschuldung zu überweisen. Die Bank hat nämlich für die Laufzeit Ihres Kredits mit Ihren Zinsen kalkuliert – und wenn diese plötzlich wegfallen oder weniger werden, verlangt sie dafür eine „Vorfälligkeitsentschädigung". Von dieser Spontantilgung profitieren Kreditnehmer fast nie. Tilgungen außerhalb des vertraglich Vereinbarten kommen deshalb fast nur beim Verkauf von Immobilien vor.

Niedrige Rate – ewige Tilgung

Darlehen mit minimalen Zinsen verführen dazu, nur eine minimale Rate zu wählen. Diese kann für ein 200 000-Euro-Darlehen unter 400 Euro im Monat liegen. Aber das ist nur scheinbar billig: Ein Kredit mit niedrigem Zins kann zu einer besonders langen Tilgungsdauer führen – und am Ende mehr kosten als ein nominell teurerer Kredit. Denn wer eine niedrige Gesamtrate wählt, der zahlt auch niedrige Tilgungsraten. So kommt es, dass ein Darlehen der beschriebenen Höhe mit einem Prozent Zins und Anfangstilgung rechnerisch länger als 69 Jahre braucht, bis es zurückgezahlt ist. Der (theoretische) Kunde hat in dieser Zeit etwa 78 000 Euro Zinsen aufgebracht. Zahlt er doppelt so hohe Monatsraten, braucht er nur 29 Jahre und zahlt in dieser Zeit rund 31 000 Euro Zinsen. Ein weiterer wichtiger Grund für rasches Tilgen: Nach spätestens 20 Jahren ist ein Anschlusskredit fällig – und der ist umso teurer, je höher die Restschuld bei seinem Abschluss ist. Der Langsam-Tilger in unserem Rechenbeispiel muss nach zwanzig Jahren immer noch fast 156 000 Euro abtragen, der dynamische Rückzahler dagegen weniger als 68 000 Euro.

Kreditvermittler: Oft eine gute Wahl

Wer ein Immobiliendarlehen braucht, muss nicht unbedingt die Banken selbst kontaktieren. Spezielle Kreditmakler vergleichen Angebote unterschiedlicher Geldinstitute und können oft günstige Konditionen bieten.

Die Makler für Immobilienkredite arbeiten anders als Häuser- und Grundstücksmakler. Sie sind in der Regel nicht mit einem Anbieter verbunden, sondern leben gerade von deren Konkurrenz. Sie erhalten ihre Provision von den Banken nicht von den Kreditkunden. Sie verteuern nicht den Kredit für den Kunden, sondern bieten oft günstigere Konditionen als Banken direkt.

Die Vermittler arbeiten bevorzugt im Internet und am Telefon, einige bieten Vor-Ort-Beratung. Ihr Angebot ist für die Vermittlung und Abwicklung von Standardfinanzierungen konzipiert; schwierige Fälle passen nicht immer in dieses Raster. Manchmal aber findet ein kundiger Vermittler gerade für sie ein bereitwilliges Geldinstitut. Geben Sie Ihrem Vermittler ein möglichst exaktes Profil zu Ihren finanziellen Möglichkeiten und zu Ihren Kreditprioritäten (z. B. Sicherheit, rasche Tilgung oder hohe Flexibilität). Gute Vermittler machen Ihnen mehrere Angebote mit unterschiedlichen Stärken und Schwächen. Gehen Sie mit dem Angebot eines Vermittlers auch zu Ihrer Hausbank. Auch dort kommen dann häufig die Konditionen ins Rutschen.

Bausparen: Komplizierte Sonderform

Der Bausparvertrag gilt zwar als Klassiker der Immobilienfinanzierung. Doch die Verträge taugen längst nicht immer für eine Immobilienfinanzierung, denn oft sind die Darlehenszinsen und die monatlichen Raten viel höher als bei einem Bankkredit. Vielleicht haben Sie seit Jahren oder auch seit Kurzem einen Bausparvertrag. Eventuell planen Sie auch einen Vertrag abzuschließen. Für jede dieser unterschiedlichen Situationen empfiehlt sich eine andere Vorgehensweise.

Fall 1: Ihr Vertrag ist zuteilungsreif

Sie sind seit Jahren Bausparer und die Kasse hat Ihnen geschrieben, dass Sie jetzt oder später ein Bauspardarlehen erhalten können. Wenn Sie nun eine Finanzierung suchen, gibt es Gründe dafür und dagegen, ein Bauspardarlehen einzubauen. „Einbauen“ bedeutet: Sie nehmen es zusätzlich zum Bankkredit auf. Mögliche Gründe das zu tun sind:

→ Sie brauchen bei der Bank weniger Kredit und erhalten ihn zu besseren Konditionen.

→ Sie können das Bauspardarlehen über die Mindestrate hinaus in beliebiger Höhe und zu beliebigen Zeitpunkten tilgen.

Mögliche Gründe, die dagegen sprechen:

→ Wenn Sie den Bausparvertrag Jahre zuvor abgeschlossen haben, ist der Zins fast immer höher als der aktueller Bankdarlehen.

→ Die Tilgungsrate von Bauspardarlehen ist oft sehr hoch.

→ Ihr angespartes Bausparguthaben ist nicht viel niedriger als die Bausparsumme des Vertrags. In diesem Fall würden Sie nur ein kleines Darlehen erhalten. Der Aufwand dafür lohnt kaum.

Ist Ihr Vertrag zuteilungsreif, lohnt der Abschluss eines Bauspardarlehens vor allem, wenn Sie relativ wenig Eigenkapital haben, jedoch in den nächsten Jahren viel Spielraum für hohe Raten und Tilgungen sehen. Haben Sie dagegen auch ohne Bauspardarlehen ausreichend Eigenkapital (Ihr Bausparguthaben mitgerechnet), dann kündigen Sie besser den Vertrag und setzen das ausgezahlte Guthaben als Eigenkapital ein. Das gilt vor allem, wenn Ihr monatliches Budget eher knapp ist und durch die hohen Mindestraten des Bauspardarlehens noch mehr eingeengt würde.

Sonderfall Bonus-Vertrag

Manche Bausparverträge sehen vor, dass Sie bei Verzicht auf das Bauspar-Darlehen und Kündigung des Vertrags einen Zinsbonus erhalten. Fällt die Sonderzahlung sehr hoch aus und erreicht zum Beispiel einen fünfstelligen Betrag, lohnt sich der Verzicht mit Sicherheit. Bei geringeren Bonuszahlungen sollten Sie abwägen. Bedenken Sie dabei: Die Tarifbedingungen der Bausparverträge sind höchst unterschiedlich. Deshalb ist es an dieser Stelle schwierig, konkrete Empfehlungen zu geben. Bei der Entscheidung für oder gegen eine Bonuszahlung haben Sie drei alternative Möglichkeiten:

→ Ihr Eigenkapital ist so knapp, dass Sie zusätzlich zum Bankkredit ein Bauspardarlehen brauchen. Dann sollten Sie dieses nehmen und auf den Bonus verzichten. Bei geringem Eigenkapital ist es jedoch keineswegs sicher, dass Sie ein Bauspardarlehen in voller Höhe oder als nachrangiges Darlehen bekommen

→ Ihr Eigenkapital und Monatsbudget sind zwar relativ knapp, aber Ihr Kapital reicht ohne Bauspardarlehen für die Finanzierung. In diesem Fall sollten Sie den Bausparvertrag kündigen und den Bonus mitnehmen.

→ Ihr Eigenkapital reicht sogar ohne das Bausparguthaben aus, und Sie erhalten den Bonus noch für mehrere Jahre. Ob das gilt, können Sie mithilfe der Allgemeinen Bausparbedingungen (ABB) Ihres Vertrags herausfinden. In diesem Fall sollten Sie den Bausparvertrag noch nicht kündigen, sondern das Guthaben liegen lassen oder weiter ansparen. Sie brauchen dann zwar einen höheren Bankkredit – aber der kostet Sie weniger Zinsen als Sie bei der Bausparkasse einschließlich Bonus erhalten.

Fall 2: Ihr Vertrag ist einige Jahre alt, aber noch nicht zuteilungsreif

In diesem Fall bietet Ihnen die Bausparkasse meist eine „Zwischenfinanzierung“ an: Sie gibt Ihnen sofort ein normales Bankdarlehen; parallel warten Sie auf die Zuteilung ihres Bausparvertrags und zahlen in der Regel weitere Sparraten in ihn ein. Ein solches Angebot können Sie annehmen, wenn alle vier folgenden Bedingungen erfüllt sind:

→ Die Bausparkasse hat für das gesamte Finanzierungspaket aus Zwischenkredit und Bauspardarlehen einen Effektivzins genannt, und dieser ist niedriger als der eines Bankkredits, den Sie sonst nehmen könnten.

→ Die oft hohen Raten für den Zins des Zwischenkredits und parallel für das Ansparen des Bauvertrags sind für Sie tragbar.

→ Die Bausparkasse hat für Sie errechnet, wann Sie bei gleichbleibenden Raten schuldenfrei wären. Das geht schneller oder genau so schnell wie bei einer alternativen Bankfinanzierung.

→ Sie bekommen laut Bausparvertrag keinen Zinsbonus, wenn Sie jetzt auf das Darlehen verzichten und sich das Guthaben auszahlen lassen.

Ist nur eine der vier Bedingungen nicht erfüllt, sollten Sie auf die Bauspar- Zwischenfinanzierung verzichten. Dann ist es besser, den Bausparvertrag zu kündigen und das Guthaben als Eigenkapital verwenden.

Fall 3: Sie haben keinen Bausparvertrag

In diesem Fall bieten Bausparkassen ein Modell an, das unter den Begriffen „Sofortfinanzierung" oder „Kombi-Darlehen" vermarktet wird: Sie schließen einen Bausparvertrag ab und beginnen zu sparen. Parallel schließen Sie bei der Bausparkasse selbst oder deren Partnerbank einen Kreditvertrag für die Immobilie ab und zahlen darauf Zinsen. Jahre später löst der „zugeteilte" Bausparvertrag den Kredit ab.

Bei einem solchen Angebot fragen Sie stets nach dem Effektivzins und danach, wann Sie bei den vorgeschlagenen Raten schuldenfrei sind. Lassen Sie sich von Banken oder von Kreditvermittlern Angebote in gleicher Darlehenshöhe und mit gleichen Monatsraten geben. Entscheiden Sie sich für den Geldgeber mit den besseren Konditionen, bei dem Sie weniger Effektivzins zahlen und eher schuldenfrei sind.

Vorsorge und Finanzierung: Der Wohn-Riester

Seit wenigen Jahren können auch Altersvorsorge-Verträge mit „Riester-Förderung" für die Immobilienfinanzierung eingesetzt werden. Jeder Immobilienkäufer kann auch den Neuabschluss eines „Wohn-Riester"-Vertrags prüfen.

Wenn Sie schon einen Riester-Vertrag für die Altersvorsorge haben, können Sie das Geld für die Finanzierung einsetzen und müssen die Förderung nicht zurückzahlen, wenn Sie in die Immobilie selbst einziehen. Stattdessen können Sie sie als Eigenkapital einsetzen und ein gefördertes Darlehen aufnehmen, dessen Tilgung wie ein Riester-Sparvertrag staatlich gefördert wird.

Ein Aber gibt es: Die Geldannahme aus dem Riestervertrag müssen Sie bei der Zulagenstelle (ZfA) beantragen. Es kann Monate dauern, bis Sie das Geld tatsächlich für die Finanzierung einsetzen können. Daher sollten Sie schon zu Beginn Ihrer Immobiliensuche das Institut kontaktieren, bei dem Sie den Riester-Vertrag abgeschlossen haben und den Antrag bei der ZfA frühzeitig stellen. Erkundigen Sie sich , wie lange es voraussichtlich von Ihrem Antrag bis zur Auszahlung des Geldes dauert. Kaufen Sie vorher, droht Ihnen einen Eigenkapital-Lücke.

Es kann sich lohnen, zur Baufinanzierung einen neuen „Wohn-Riester"-Vertrag bei einer Bausparkasse abzuschließen, mit dem Sie sofort ein Darlehen erhalten. Eltern mit mehreren Kindern erhalten die höchste Direktförderung, Gutverdienern werden Steuernachlässe gewährt. Fragen Sie aber die Bausparkasse nach dem Effektivzins ihres Gesamtfinanzierungs-Pakets. Dieser sollte nicht höher sein als für ein ungefördertes Bankdarlehen. Sonst geht der Fördervorteil ganz oder teilweise durch höhere Kreditzinsen verloren.

Staatshilfen

Immobilieneigentum gilt als förderungswürdig, weil es unabhängiger macht, Vermögen schafft und das Alter absichern kann. Es gibt staatliche Unterstützung, doch sie ist zersplittert und wenig aufeinander abgestimmt. Die Mehrzahl der Bundesländer unterstützt Familien und Bedürftige beim Haus- und Wohnungskauf mit zinsgünstigen Darlehen oder Zuschüssen. Die Programme variieren stark und ändern sich häufig. Sehr hilfreich ist hier die Internetseite des Bundesverbands der Verbraucherzentralen (vzbv), auf der Sie recherchieren können: www.baufoerderer.de.

Städte und Gemeinden bieten ebenfalls Darlehen und/oder Zuschüsse, teils auch günstige Grundstücke zum Kaufen oder mit Erbbaurecht. Eine geografische Suche mit Hilfe der Postleitzahl findet sich unter www.aktion-pro-eigenheim.de/haus/foerderung/kommunen/

Sie sollten sicherheitshalber auf den Seiten von Bundesländern und ihren Förderbanken sowie von Gemeinden gegenchecken, ob die Angaben noch stimmen.

Hilfen von der KfW

Die staatliche Förderbank KfW unterstützt den Erwerb von Wohneigentum individuell oder per Genossenschaftsanteil, genau wie Energiespar-Maßnahmen und Investitionen in Barrierefreiheit und Einbruchschutz. Hierfür gewährt sie Kredite oder Zuschüsse, teils auch beides. Aktuelle Programme und Konditionen gibt es auf www.kfw.de. KfW-Förderung beantragen Sie über Ihre Hausbank. Dort ist die KfW-Finanzierung häufig unbeliebt, weil sie die Umsätze der Banken mindert und ihr dafür auch noch Aufwand und Risiken aufbürdet. Wenn Sie KfW-Mittel wollen, machen Sie sich vor dem Bankter-

INFO

Wohn-Riester-Steuer

Beim Wohn-Riester werden Sie während der Finanzierung staatlich gefördert. Doch im Rentenalter müssen Sie die Förderung nach einem komplizierten Rechenschlüssel versteuern. Sie zahlen dann Abgaben auf Geld, das Sie nicht laufend bekommen – und Ihren Steuersatz im Alter kennen Sie naturgemäß heute noch nicht. Trotzdem sollte Sie die künftige Besteuerung nicht von einem Riester-Kredit abhalten. Wenn für den Riester-Kredit keine höheren Zinsen als für ein gefördertes Darlehen anfallen, überwiegen die Vorteile.

min kundig und seien Sie hartnäckig, wenn Ihr Berater zaudert oder gar abrät.

Baukindergeld: Finanzspritze für Familien

Seit 2018 können Paare und Alleinerziehende mit Kindern unter 18 Jahren Baukindergeld beantragen. Die ersten Auszahlungen werden ab Frühjahr 2019 erwartet. Eine Familie mit zwei Kindern erhält beispielsweise durch die gesetzliche Neuregelung bis zu 24 000 Euro Förderung über einen Zeitraum von zehn Jahren. Der Zuschuss wird von der staatlichen KfW-Bank gezahlt, wenn sich eine Familie eine Immobilie zulegt. Gefördert werden Kauf und Neubau von Eigenheimen genau wie von Eigentumswohnungen.

Die Förderung ist an verschiedene Bedingungen geknüpft. Eine besteht darin, dass das Familieneinkommen bestimmte Obergrenzen nicht überschreitet (siehe Tabelle S. 68). Für die Berechnung wird das durchschnittliche zu versteuernde Einkommen im zweiten und dritten Kalenderjahr vor der Antragstellung zugrunde gelegt. Dafür müssen die Steuerbescheide bei der KfW eingereicht werden.

Weitere Voraussetzungen: Der notarielle Kaufvertrag oder die Baugenehmigung müssen nach dem 31. Dezember 2018 und vor dem 1. Januar 2021 datiert sein. Mindestens

Einkommensgrenzen beim Baukindergeld

Anzahl der Kinder	Einkommensgrenze (Euro) [1]	Baukindergeld	
		pro Jahr	in 10 Jahren
1	90 000	1 200	12 000
2	105 000	2 400	24 000
3	120 000	3 600	36 000
4	135 000	4 800	48 000

1 Zu versteuerndes Haushaltseinkommen im Durchschnitt des zweiten und dritten Kalenderjahres vor dem Jahr der Antragstellung.

ein Kind muss noch minderjährig sein und im Haushalt leben. Für Kinder, die erst nach dem Antrag zur Welt kommen, gibt es keine Förderung. Der Antragsteller muss mindestens zu 50 Prozent Eigentümer der Immobilie sein – entweder allein oder zusammen mit seinem Partner oder seinen Kindern. Außerdem darf kein Haushaltsmitglied Eigentümer einer anderen Wohnimmobilie in Deutschland sein, wenn für die neue Immobilie der Kaufvertrag abgeschlossen oder die Baugenehmigung erteilt wird. Umfangreiche Informationen finden Sie auf unserer Website unter test.de/baukindergeld.

Der Kreditvertrag: Verhandeln und prüfen

Wer gut vorbereitet ist, kann beim Gespräch in der Bank einen maßgeschneiderten Kredit verhandeln – und die Konditionen des Vertrags deutlich verbessern.

Das Kreditgespräch: Zuhören und nachfragen

100 000 oder 250 000 Euro holt man nicht mal eben am Geldautomaten ab. Kreditgespräche brauchen Zeit. Selbst wenn der Kunde fachlich kundig und gut vorbereitet ist, kann es mehr als eine Stunde dauern, bis der Bankmitarbeiter alle wichtigen Informationen gegeben hat sowie alle Daten und Kundenwünsche abgefragt sind. Daraus wird dann das richtige Kreditmodell entwickelt. Häufig werden zuvor mehrer Alternativen mit unterschiedlichen Stärken und Schwächen analysiert, gegeneinander abgewogen und verworfen.

Was Sie vorher zur Bank schicken oder zum Kreditgespräch bereithalten sollten, finden Sie in der Checkliste „Unterlagen für das Kreditgespräch“ (siehe Seite 137). Natürlich darf es Lücken geben – kaum eine Bank fragt zum Beispiel so früh nach der Flurkarte, manche fragen sogar nie danach. Aber die wesentlichen Unterlagen zu Ihren Einkommens- und Vermögensverhältnissen sowie zum Objekt dürfen nicht fehlen.

Vorher definieren, was Sie wollen

Außerdem ist es wichtig, dass Sie Ihre Rahmenbedingungen und ihre Prioritäten bereits definiert haben und klar benennen können. Eine 80-Prozent-Finanzierung mit geringer Tilgung und langer Laufzeit oder eine 50-prozentige Beleihung mit einem nur auf fünf Jahre festgeschriebenen Zins basieren auf völlig unterschiedlichen persönlichen und finanziellen Voraussetzungen.

Bevor Sie und die Banker sich damit beschäftigen können, müssen Sie alle erst durch einen langen Vortrag und eine Menge Fragen vonseiten der Bank. Das muss sein; diese Pflicht folgt aus der „Wohnimmobilien-Kreditrichtlinie“ – siehe Seite 70. Hier sollten Sie im eigenen Interesse nichts Wichtiges verschweigen: Sie bekräftigen nämlich das Gesagte später mit Ihrer Unterschrift. Und Sie mit Falschangaben haben Sie weitaus schlechtere Karten gegenüber Ihrer Bank, wenn es zu irgendeiner Auseinandersetzung kommt.

Tipps für die Kreditverhandlung

→ Definieren Sie vorher Ihren Rahmen: Die wichtigsten Punkte sind Kreditbedarf, Ratenhöhe, Sicherheit versus Flexibilität, Tilgungsmöglichkeiten sowie Nebenkosten (siehe Seite 61).

→ Vergessen Sie bei allem Fragen und Erklären des Bankers nicht, die Ihnen selbst wichtigen Punkte im Kreditgespräch abzuarbeiten.

→ Machen Sie ehrliche Angaben. So schützen Sie sich und Ihre Angehörigen, falls es zu Auseinandersetzungen kommt.

→ Wenn Sie schon gute Angebote von anderen Banken haben, erwähnen Sie das oder zeigen Sie dem Banker das Dokument – nicht triumphierend, sondern mit der freundlichen Frage, ob er das Angebot in diese Richtung nachbessern kann.

→ Erfassen Sie während und gegebenenfalls nach dem Gespräch in der Checkliste „Bankenvergleich“ (Seite 139) wichtige Punkte, und prüfen Sie, ob und wie verschiedene Angebote Ihren Kriterien entsprechen.

→ Sind wichtige Punkte unklar, fragen Sie per E-Mail oder Telefon nach.

→ Hat von mehreren Angeboten auch das beste noch Schwächen, versuchen Sie hier gezielt nachzubessern („Ich nehme den Kredit von Ihnen, wenn ...“).

→ Lassen Sie sich schließlich für Ihren geplanten Kauf ein Finanzierungsangebot machen.

AUSFÜLLHINWEIS

→ S. 137

Unterlagen für das Kreditgespräch

Die Banken brauchen für ihre Prüfung zahlreiche Unterlagen, die Sie bereits im Vorfeld organisieren können. Umso vollständiger Ihre Unterlagen sind umso schneller kann die Bank prüfen und Ihnen eine Zu- oder Absage erteilen.

Dreisprung: Kreditangebot holen – Kaufen – Kredit annehmen

Im günstigen Fall haben Sie schon den Entwurf des Notarvertrags, wenn Sie zur Bank gehen. Wenn Sie die optimale Finanzierung gefunden haben, lassen Sie sich von der Bank ein Finanzierungsangebot machen. Dann können Sie den Notarvertrag abschließen. Erst wenn dieser Akt über die Bühne gegangen ist, nehmen Sie das Darlehen an.

Falls übrigens die Bank mit dem Kreditangebot auch schon Unterlagen zur Grundschuldbestellung geschickt hat, senden Sie diese an den Notar weiter, sobald dieser feststeht. Auch hier gilt: Die Unterlagen sollten so vollständig wie möglich sein. Wo immer es nötig ist, sollten Sie Formulare gewissenhaft ausfüllen und mit den von Ihnen geforderten Dokumenten ergänzen.

Dann können Sie gleich nach Abschluss des Kaufvertrags die Grundschuld bestellen (siehe Kapitel Notar, Kaufvertrag und Grundschuld, ab Seite 76) und brauchen keinen weiteren Notartermin.

Kreditvertrags-Check

In dem Moment, in dem der Kreditvertrag vor Ihnen liegt, wird es ernst. Prüfen Sie vor der Unterschrift, ob die nachstehenden Punkte Ihren Vorstellungen entsprechen. Außerdem versuchen Banken mitunter, mit unzulässigen Gebühren Geld zu machen. Diese sollten Sie gleich streichen lassen.

- → Entspricht die **Kreditsumme** dem Wert, den Sie ermittelt haben?
- → Wird Ihnen der **Auszahlungsbetrag** zum vereinbarten Termin zur Verfügung gestellt?
- → Ist der **Sollzins**, der jährlich für den Kredit fällig wird, korrekt?
- → Stimmt der **Effektivzins**?
- → Wurde die korrekte **Zinsbindungsfrist** angegeben?
- → Stimmt die **Anfangstilgung in Prozent der Kreditsumme** mit Ihren Wünschen überein?
- → Ist die **monatliche Rate** korrekt?
- → Stimmt die **monatsweise Berechnung der Restschuld** und des Zeitpunkts der Schuldenfreiheit bis zur vollen Tilgung bei gleichbleibenden Zinsen und Raten?
- → Gibt es eine **Wechselmöglichkeit der Rate** innerhalb der Zinsbindungsfrist?
- → Sind **Sondertilgungen** möglich?
- → Bereitstellungszins: Stimmen **die Frist bis zum Einsetzen** und die Höhe des Zinses?
- → Sind **Teilauszahlungen** zulässig? Wichtig zum Beispiel beim Kauf vom Bauträger und bei Modernisierungen.
- → Werden **Gebühren für Teilauszahlung** erhoben? Sie sollten möglichst gering sein.
- → Fallen Kosten für die **Wertermittlung** an – etwa für ein Gutachten? Bei den meisten Banken ist das nicht üblich.

Viel Ärger mit der Richtlinie

Die Vergabe von Immobilienkrediten sei stark erschwert, klagen Geldinstitute – vor allem für junge Familien und Rentner. Als Grund nennen sie die ist „Wohnimmobilien-Kreditrichtlinie", die Banken und ihre Kunden stärker absichern soll. Sie sieht eine höhere Haftung der Banken vor – und wird von manchen sehr vorsichtig ausgelegt.

Die im März 2016 in Kraft getretene Regelung soll dem Verbraucherschutz dienen und verhindern, dass Kreditkunden völlig ungeeignete Finanzierungen verkauft werden – vor allem solche, die sie mit einiger Wahrscheinlichkeit irgendwann nicht mehr bedienen können. Nach der Richtlinie reicht es nicht aus, dass der Wert einer Immobilie den Kredit absichern kann. Auch die persönlichen Voraussetzungen der Kreditnehmer müssen stimmen. Das legen manche Banken sehr weit aus und erfragen zum Beispiel bei ihren Kunden, ob sie Kinder planen (hohe Kosten und der Verdienstausfall können drohen), welche Versicherungen sie haben (Risikolebens- oder Berufsunfähigkeits-Versicherungen federn das Risiko ab, einen Kredit nach Krankheit oder Todesfall nicht mehr bedienen zu können), ob sie bis zum Rentenalter schuldenfrei sind oder dann den Kredit noch bedienen können. Selbst die Branche und die Region, in welcher der potenzielle Kreditnehmer tätig ist, werden wichtig genommen: Bau-Beschäftigte im Südharz erhalten schwieriger oder zu teureren Bedingungen einen Kredit als Kfz-Techniker in Stuttgart – auch, wenn sie die gleichen Voraussetzungen mitbringen. Bürgschaften besser gestellter Verwandter helfen hier auch nicht: Der Kreditkunde muss das Darlehen unter absehbaren Umständen selbst schultern können.

Gäbe die Bank einen Kredit, obwohl sie die persönlichen Umstände nicht geprüft oder Bedenkliches festgestellt hat, dann würde sie mithaften, wenn der Kunde später sein Darlehen nicht mehr bedienen kann. Dann schuldet sie ihm womöglich Schadenersatz. Außerdem darf nicht mehr jeder solche Kredite verkaufen: Einschlägige Berater brauchen eine Erlaubnis zur Immobilien-Darlehensvermittlung; Privatvermittler benötigen eine Berufs-Haftpflichtversicherung und müssen selbst in wirtschaftlich ordentlichen Verhältnissen leben. Auch eine erfolgreich absolvierte Sachkundeprüfung verlangt die „Immobilienvermittlungsverordnung" von ihnen.

Nach nur einem Jahr ist die Rechtslage im März 2017 erneut geändert worden: Nach dem „Finanzaufsichtsrechtergänzungsgesetz" kann die Bundesanstalt für Finanzdienstleistungsaufsicht (BaFin) den Banken Grenzen der Kreditvergabe auferlegen, wenn sie zum Beispiel eine Überhitzung des Kreditvolumens befürchtet. Die BaFin kann dann Mindeststandards für Kredite bestimmen, etwa einen maximalen Anteil des Darlehens am Immobilienwert sowie für Vorgaben für den Tilgungszeitraum. Dies gilt aber nur für neue Kredite ab 200 000 Euro, die dem Erwerb oder Bau einer Immobilie dienen – dagegen nicht für bestehende Darlehen, Anschlussfinanzierungen und Kredite zur Modernisierung eines Hauses.

AUSFÜLLHINWEIS

→ S. 139

Bankenvergleich

Nehmen Sie die Checkliste zum Bankgespräch mit, tragen Sie die Angebotswerte und -zahlen ein oder kreuzen Sie an, ob andere eventuell für Sie wichtige Kriterien erfüllt sind. Welches Angebot für Sie das Beste ist, richtet sich nach Ihren Prioritäten: Es kann das mit der höchsten Kreditsumme sein, das mit dem niedrigsten Zins oder der längsten Bindung – oder ein Angebot, das nirgendwo Spitze sein mag, aber insgesamt besser ist als alle anderen.

Versicherungen: Oft nötig, manchmal teuer

Bauherren und Eigentümern werden spezielle Versicherungen angeboten – einige sind wichtig, andere überflüssig. Überlegen Sie, welche Risiken Sie selbst abfedern können.

Versicherungen sichern Sie in Notfällen ab, ein unüberlegter Abschluss kann dagegen viel Geld kosten. Nehmen Sie sich Zeit und prüfen Sie verschiedene Angebote, ehe Sie eine Police unterschreiben. Es ist nicht unwahrscheinlich, dass Ihnen Bankberater zu dem Kreditvertrag vermeintlich passende Versicherungspolicen präsentieren. Manchmal verknüpfen Banken sogar die Kreditvergabe an den Abschluss einer Police. Der Hintergrund: Banken haben eigene Versicherungsprodukte in ihrem Portfolio und verdienen damit viel Geld. Die Versicherungsprovision bei bestimmten Produkten liegen teils bei 70 Prozent. Das heißt: Wenn die Policen 1 000 Euro kostet, kassiert die Bank oder der Vermittler 700 Euro. Oft gibt es günstigere Versicherungsangebote, die genau so gut passen und vielleicht noch umfassender schützen.

Für den Kredit: Restschuld- und Risikolebensversicherungen

Die Kreditraten sind hoch, aber plötzlich fällt das Einkommen weg – das ist die Horrorvorstellung fast jedes Immobilienkäufers. Sinnvoll ist es, wenn Familien eine **Restschuldversicherung für Immobilien im Todesfall** abschließen. Stirbt einer der Verdiener, dann zahlt die Versicherung auf einen Schlag das Immobiliendarlehen ab.

Die Policen sind vergleichsweise günstig. Die letzte Untersuchung von Finanztest zu dem Thema im Juli 2017 zeigt: Ein 35-jähriger, der ein Darlehen von 200 000 Euro über 20 Jahre aufnimmt, zahlt über die gesamte Laufzeit lediglich 1 063 Euro. Pro Jahr kostet die Versicherung 64 Euro – ein sinnvoller und preiswerter Schutz. Verzichten können Sie darauf, wenn Sie bereits eine **Risikolebensversicherung** haben, die im Todesfall mindestens die Darlehenssumme abdeckt. Eine Risikolebensversicherung über einen hohen Betrag macht auch Sinn, wenn Sie nicht nur Ihren Kredit, sondern auch den Lebensstandard Ihrer Familie absichern wollen.

Abzuraten ist von **Restschuldversicherungen bei Arbeitslosigkeit oder Arbeitsunfähigkeit**. Ehe die Versicherungen die Raten übernehmen, müssen Sie in der Regel zunächst mehrere Monate lang den Verdienstausfall selbst überbrücken. Außerdem sind diese Versicherungen meist unverhältnismäßig teuer.

Für das Haus: Wohngebäudeversicherungen

Beim Erwerb einer gebrauchten Immobilie geht der Versicherungsvertrag einer **Wohngebäudeversicherung** an den Käufer über. In den letzten Jahren sind die Gebühren zwar gestiegen, trotzdem ist dieser Schutz sehr wichtig. Er hat schon viele Hausbesitzer nach Bränden oder Überschwemmungen vor dem Ruin bewahrt oder ihnen hohe Kosten erspart. Bestand bislang noch kein Gebäudeversicherung, dann sollten Sie eine abschließen.

Ratsam ist auch eine zusätzliche **Elementarschadenversicherung**, die Naturereignisse wie Starkregen einschließt. Das gilt auch für Gegenden, in denen normalerweise kaum Überschwemmungen, Erdbeben oder Lawinen vorkommen. Der Sommer 2017 zeigte, das Starkregen für Immobilienbesitzer immer wieder ein Thema sein kann. Auch in Münster setzte 2014 ein Starkregen Teile der Stadt unter Wasser – ein dreistelliger Millionenschaden entstand. Wer eine Elementarschadenversicherung besaß, war im Vorteil, denn sie greift auch bei Starkregen. Allerdings sind diese Policen in Regionen mit erhöhtem Überschwemmungsrisiko nur bei wenigen Versicherern zu bekommen. Unter www.test.de/Wohngebaeudeversicherung finden Sie eine Übersicht, wo es auch in Risikozonen noch günstige Verträge gibt.

Wenn Sie eine Immobilie mit einer Solaranlage erwerben, ist in der Regel der Abschluss einer **Photovoltaikversicherung** sinnvoll. Versuchen Sie, Ihre Wohngebäudeversicherung um diesen Punkt zu erweitern. Falls das nicht geht, sollten Sie eine gesonderte Police abschließen.

Für die Eigentumswohnung: Meist inbegriffen

Ihre künftige Eigentümergemeinschaft hat meist eine Wohngebäude- und Haftpflichtversicherung, die die größten Risiken abdeckt. Die Prämien zahlen Sie über das monatliche Wohngeld mit.

UNSER RAT

Drängen verboten

Der Abschluss einer Restschuldversicherung ist immer freiwillig. Weder die Bank noch ein Versicherer dürfen Sie dazu drängen. Wenn Sie eine abschließen möchten, informieren Sie sich unter test.de/Restschuldversicherung über die günstigsten Angebote.

Haftpflichtversicherungen: Bei Bauträgern und Modernisierungen unnötig

Geht auf der Baustelle etwas schief, droht Bauherren der Ruin. Schutz bietet eine Bauherren-Haftpflichtversicherung – die allerdings bei der Erstellung des Hauses durch Bauträger nicht nötig ist, weil dieser sie übernimmt. Für kleinere Baustellen, beispielsweise bei Sanierungen, reicht meist der Schutz der privaten Haftpflichtversicherungen. In vielen bis Policen sind automatisch Baustellenschäden bis zu 50 000 Euro abgedeckt. Kontrollieren Sie also noch einmal Ihre Police – und wechseln Sie notfalls zeitnah den Versicherer.

Kaufen

Mit dem Abschluss des Kaufvertrags beim Notar besiegeln Sie Ihren Immobilienerwerb. Jetzt ist es besonders wichtig, dass die Zahlung des Kaufpreises für Sie sicher geregelt ist. Am Ende des Kaufprozesses steht die Übergabe vom Verkäufer an Sie – ein Moment, den Sie vermutlich niemals vergessen werden.

Der Notar: Vom Vorgespräch bis zum Kauf

Der Vertrag über den Immobilienkauf muss stets bei einem Notar abgeschlossen werden. Bevor es so weit ist, müssen noch viele Fragen geklärt werden.

Ihr Notar: Den richtigen Vertragsgestalter finden

Jeder Immobilienkaufvertrag muss bei einem Notar abgeschlossen werden. Notare üben ein öffentliches Amt aus und sind verpflichtet, unabhängig und unparteiisch zu sein. Eine ihrer weiteren Aufgaben besteht darin, beide Vertragspartner entsprechend zu beraten. Ein Notar muss sich für Ihre und für die Belange des Verkäufers einsetzen.

Die von Notaren aufgesetzten Kaufverträge müssen bestimmten Vorschriften genügen und so abgefasst sein, dass kein Vertragspartner rechtlich unangemessen beteiligt wird. Geht es allerdings um eine eventuelle wirtschaftliche Benachteiligung oder Bevorzugung, dann sind Notare nicht verpflichtet, einzugreifen. Es ist also durchaus möglich, dass ein Notar einen Kaufvertrag aufsetzt, in dem eine Immobilie zu einem überhöhten Preis den Eigentümer wechselt.

Mitunter schlagen Immobilienverkäufer einen Notar vor, mit dem sie bereits mehrfach zusammengearbeitet haben. Diesen Vorschlag können Sie auch ablehnen, denn Sie haben das Recht, selbst einen Notar vorzuschlagen. Hören Sie sich im Freundes- und Bekanntenkreis um, ob jemand eine Empfehlung aussprechen kann.

Für ihre Arbeit erhalten Notare ein gesetzlich festgelegtes Honorar nach dem Gerichts- und Notarkostengesetz (GNotKG). Einen Überblick über die anfallenden Kosten finden Sie auf der Internetseite www.gnotkg.de.

Das Vorgespräch: Beide Parteien kommen zu Wort

Als Käufer sollten Sie frühzeitig vor dem Notartermin mit Ihrem Banksachbearbeiter reden, sodass dieser alle für die Grundschuld erforderlichen Unterlagen an den Notar schicken kann.

Damit Ihr Notar einen Entwurf für den Kaufvertrag ausarbeiten kann, wird er manchmal Sie und den Verkäufer zu einem Vorgespräch in sein Büro bitten. Dieser Termin wird mit den normalen Beurkundungsgebühren abgegolten.

Bevor der Notar den ersten Entwurf verfasst, muss eine Menge geklärt werden. Er benötigt zahlreiche Informationen, die meisten davon wird ihm allerdings der Verkäufer liefern. Etwa bestehende Grundbuchlasten müssen geprüft werden, außerdem werden die Details für die Zahlung und die Übergabe der Immobilie besprochen. Falls das Gebäude vermietet ist, ist auch der Umgang mit bestehenden Mietverhältnissen ein Thema.

Ein weiterer wichtiger Punkt: Will nur einer von zwei Ehepartnern kaufen, dann muss der andere zustimmen, wenn die Immobilie ein wesentlicher Teil des Vermögens des Paares sein wird.

Der Notar wird mit Ihnen auch Details zur Auszahlung des Kredits erörtern. Der Hintergrund: Die Bank des Käufers wird das Geld für die Kaufpreiszahlung nur dann überweisen, wenn als Sicherheit zu ihren Gunsten eine Grundschuld im Grundbuch eingetragen wird. Das anzustoßen, ist wiederum Aufgabe des Notars.

Der Entwurf: Die Details werden gecheckt

Nach Klärung aller wichtigen Fragen formuliert der Notar einen Kaufvertragsentwurf. In der Regel wird er diesen Entwurf Ihnen und dem Verkäufer vor dem Beurkundungstermin zuschicken. Falls nicht: Bestehen Sie darauf! Es ist wichtig, dass Ihnen einige Tage Zeit bleiben, den Entwurf zu prüfen und sich so auf den Beurkundungstermin vorzubereiten. Wenn der Verkäufer gewerblich ist, ist der Notar sogar verpflichtet, Ihnen als Privatperson mindestens 14 Tage vor dem Termin einen Entwurf zuzusenden.

Ist etwas zu bemängeln, dann können Sie das schon vor dem Termin dem Notar mitteilen oder auch beim Beurkundungstermin vorbringen. Wenn Sie sich unsicher fühlen, ob Sie Ihre Interessen bei dem Beurkundungstermin vertreten können, können Sie um einen separaten Besprechungstermin bitten. Wichtig ist, dass Grundsätzliches wie etwa der Kaufpreis vor der Beurkundung geklärt sind.

Wenn Sie das Gefühl haben, dass der Kaufvertrag nicht zu Ihren Gunsten gestaltet wird bzw. dass der Notar nicht neutral ist, können Sie einen zweiten Notar den Kaufvertrag überprüfen lassen oder mit der Beurkundung beauftragen.

Die Vertragsunterzeichnung: Es wird ernst

Bei der Vertragsunterzeichnung liest der Notar den gesamten Vertrag vor, inklusive aller Formvorschriften und Nebenbedingungen. Das kann, selbst ohne Zwischenfragen, eine Dreiviertelstunde dauern. Scheuen Sie sich dennoch nicht, noch einmal nachzuhaken, wenn Ihnen ein

CHECKLISTE

Was der Notar benötigt

Vor dem Termin

- ☐ Namen und Adressen der Verkäufer
- ☐ Namen und Adressen der/des Käufer(s)*
- ☐ Adresse des Objekts
- ☐ Grundbuchamt/Grundbuch-Nummer
- ☐ Auskunft aus dem Baulastenverzeichnis (außer in Bayern und Brandenburg)**
- ☐ Bei Eigentumswohnung Wohnungsnummer, Teilungserklärung, Höhe des Wohngelds
- ☐ Bei Erbbaurechtsverkäufen den bisherigen Vertrag über das Erbbaurecht
- ☐ Preis
- ☐ Informationen über Restschulden und ihre Tilgung
- ☐ Informationen, ob der Käufer mithilfe einer Bank oder mit eigenem Geld finanzieren will.*
- ☐ Zeitpunkt der Übergabe (in der Regel legt der Notar als Zeitpunkt die Kaufpreis-Zahlung fest)
- ☐ Angaben über (Nicht-)Vermietung und ggf. geplanten Auszugstermin der Mieter

Beim Termin

- ☐ Personalausweise oder Reisepass*
- ☐ Alle eingetragenen Eigentümer oder ihre Vertreter (mit notariell beglaubigter Vollmacht.)
- ☐ Bei Paaren als Eigentümer beide Partner. Ist nur ein Ehepartner eingetragen, braucht der Notar die Zusicherung, dass die Immobilie kein „wesentlicher Teil" des gemeinsamen Vermögens ist.

* vom Käufer mitzubringen, **besorgt der Notar, alle anderen Unterlagen muss der Verkäufer erbringen

Punkt unklar ist. Wenn beide Parteien mit dem Vertrag einverstanden sind, wird unterschrieben.

Für den Notar ist sein Einsatz mit den Unterschriften noch nicht beendet. Stehen etwa noch alte, vom Verkäufer bestellte Grundschulden im Grundbuch, werden diese jetzt gelöscht. Er schreibt das Grundbuchamt an und beantragt eine sogenannte Auflassungsvormerkung zu Ihren Gunsten. Zugleich prüft er, ob jemand Vorkaufsrechte hat und lässt sich von der Gemeinde, wenn sie es nicht ausüben will, ein „Negativattest" geben. Von der Gläubigerbank des Verkäufers erbittet der Notar die Löschung der Grundschuld. Bei Eigentumswohnungen prüft der Notar, ob der Verwalter oder Miteigentümer zustimmen müssen – wenn ja, bittet er ihn oder sie zu sich.

Nach dem Vertragsabschluss dauert es meist zwei bis acht Wochen, bis der Notar alle Unterlagen zusammen hat. Danach fordert er Sie zur Zahlung des Kaufpreises auf und setzt Ihnen eine Frist von beispielsweise zwei Wochen. Der Kaufpreis wird meist direkt auf das Konto des Verkäufers überwiesen oder, wenn dieser noch Bankschulden hat, direkt an die Bank.

Wenn Sie ordnungsgemäß gezahlt haben, beurkundet der Notar den Kaufvertrag. Eine Kopie der Urkunde schickt er ans Finanzamt. Das Amt fordert jetzt von Ihnen die Grunderwerbsteuer. Nachdem Sie auch diesen Posten bezahlt haben, stellt das Amt Ihnen die sogenannte Unbedenklichkeitsbescheinigung aus. Jetzt endlich ist der Weg frei: Das Grundbuchamt Sie als Eigentümer eintragen kann.

Kaufvertrag: Wichtig zu prüfen

Der Kaufvertrag nennt nicht nur Objekt und Preis, er regelt auch Details zu Zahlung und Grundbuch. Auf einige Klauseln müssen Sie Wert legen – andere können Ihnen schaden.

Gute und schlechte Regelungen

Die Kerninhalte von Immobilienkaufverträgen, die in der Branche auch „Notarverträge" genannt werden, sind stets gleich. Doch Aufbau, Formulierungen und manche Ausdrücke unterscheiden sich von Notar zu Notar. So kann der aus Sicht der Parteien besonders wichtige Kaufpreis in Paragraf 1 oder auch erst in Paragraf 7 des Vertrags verzeichnet sein. Wir erklären die wichtigsten Bestandteile in einer Reihenfolge, wie sie sich häufig in Notarverträgen findet.

Käufer und Verkäufer: Alle Namen nötig

Für Kaufverträge gilt eine Regel: Alle Namen müssen verzeichnet sein. Wollen Ehe- oder Lebenspartner gemeinsam die Immobilie erwerben, müssen auch beide eingetragen sein. Als Verkäufer müssen sämtliche Personen oder Unternehmen eingetragen sein, die im Grundbuch stehen. Dafür muss der Notar sorgen.

Immobilie und Grundbuch: Nichts verwechseln!

Bei der im Vertrag genannten Immobilie müssen Sie nochmals prüfen: Stimmen Straßenname und Hausnummer mit dem Grundstück überein, das Sie kaufen wollen? Steht bei Eigentumswohnungen genau die Wohnungsnummer im Vertrag, unter der Sie Ihre Wunschwohnung und deren Nummer auf dem Plan Ihrer Etage in der Teilungserklärung gefunden haben? Und wichtig beim Kauf von einem Großeigentümer, vor allem von einem Bauträger: Stimmt die Grundstücksnummer im Kaufvertrag mit der Flurstücknummer der von Ihnen gewünschten Parzelle im Katasterplan überein? Der Notar ist nicht verpflichtet, diese Fakten abzugleichen. Wenn Sie es nicht tun, bekommen Sie im schlimmsten Fall eine kleinere oder schlechter gelegene Immobilie als die von Ihnen gewünschte. Und später gilt der Grundsatz: Gekauft ist gekauft.

Zum Thema Grundbuch versuchen sich bequeme Notare manchmal den Satz in den Kaufvertrag zu schreiben: „Der Notar hat das Grundbuch nicht eingesehen." Dem sollten Sie widersprechen und darauf bestehen, dass der Notar Einsicht ins Grundbuch nimmt und wesentliche Inhalte in den Vertrag aufnimmt:

- ➔ Sogenannte Veräußerungsbeschränkungen gibt es mitunter bei Eigentumswohnungen. In solch einem Fall kann die Wohnung nur verkauft oder verschenkt werden, wenn laut Teilungserklärung der Verwalter, alle oder einzelne Eigentümer – z. B. der Verwaltungsbeirat – zustimmen.
- ➔ Zu Abteilung II des Grundbuchs (siehe „Grundbuch", Seite 56) sollte entweder ausdrücklich festgehalten sein, dass Lastenfreiheit besteht, oder es sollten die Lasten im Kaufvertrag genannt sein. Unbedenklich ist eine noch bestehende Auflassungsvormerkung zugunsten des aktuellen Verkäufers, wenn laut Vertrag für den Käufer eine neue eingetragen wird.
- ➔ Zu Abteilung III sollten Grundschulden des jetzigen Eigentümers genannt sein.

Der Vertrag muss eine Versicherung des Verkäufers enthalten, dass er nichts unternommen hat, um den vom Notar verlesenen Grundbuchstand zu ändern. Ferner gehört die Information in den Vertrag, ob die Immobilie vermietet oder verpachtet ist oder frei übergeben wird.

Verkauf: Preis und Zahlungsbedingungen

Die zentrale Angabe ist die des Kaufpreises. Neben der Höhe werden die Bedingungen festgelegt, nach deren Erfüllung der Kaufpreis zu zahlen ist. Das ist zentral, um Sie als Käufer abzusichern. Die entscheidenden Bedingungen zur Zahlung, die im Vertrag stehen sollten:

- ➔ Besonders wichtig ist die Auflassungsvormerkung, auch Eigentumsverschaffungs-Vormerkung oder einfach nur Vormerkung genannt. Der Vertrag muss in Ihrem Interesse den Notar verpflichten, nach Abschluss des Kaufvertrags im Grundbuch eine solche Vormerkung zu Ihren Gunsten zu beantragen. Erst nach ihrer Eintragung ist das Objekt für Sie als Käufer sicher. Vorher droht die Gefahr, dass der bisherige Eigentümer insolvent wird und die Immobilie dann unter die Vermögensmasse fällt. Es gab sogar Fälle, in denen ein Eigentümer die gleiche Immobilie mehrfach zu verkaufen versuchte.

INFO

Alternative: Notaranderkonto

Zu der Auflassungsvormerkung gibt es manchmal eine Alternative, das sogenannte Notaranderkonto. Sie zahlen den Kaufpreis auf ein Konto des Notars, und der Notar darf das Geld erst an den Verkäufer weiterreichen, wenn Sie Ihre Auflassungsvormerkung haben und alle Bedingungen erfüllt sind. Wichtig: Die Details dazu müssen im Kaufvertrag geregelt werden. Früher war dieses Verfahren üblich, es ist aber abwicklungstechnisch aufwendig; für den Käufer ist es teuer, und dem Verkäufer bringt es erst später sein Geld. Darum wird es heute nur in Sonderfällen genutzt, etwa bei vielen Beteiligten auf der Verkäufer-, Käufer- oder Finanziererseite. In solchen Fällen sammelt der Notar das Geld bei den Käufern und ihren Banken auf seinem Anderkonto und verteilt es, wie im Vertrag vereinbart, an die Veräußerer.

Darum sollte fast jeder Vertrag (Ausnahme im Kasten oben) die Vereinbarung enthalten, dass der Kaufpreis erst nach Eintragung der Auflassungsvormerkung fällig ist. Sie müssen darauf beharren, dass es so geregelt wird.

→ Von Lasten, die Sie nicht übernehmen wollen, sollte das Grundbuch frei sein, bevor Sie zahlen. Das gilt beispielsweise noch für das Nutzungsrecht eines Dritten für Ihr künftiges Haus, das gestrichen werden soll. In den Kaufvertrag gehört dann die Vereinbarung, dass Sie erst nach Streichung dieses Rechts zahlen müssen.

→ Kaufen Sie eine Eigentumswohnung und bedarf der Kauf der Zustimmung des Verwalters, dann sollte laut Vertrag der Kaufpreis erst nach dieser Zustimmung fällig sein. Viele Teilungserklärungen von Eigentumswohnungsanlagen regeln, dass der Verwalter einem Verkauf zustimmen muss. Das tun Verwalter fast immer, es sei denn, ihnen sind schwere Bedenken gegen den Käufer bekannt. Das können hohe Schulden bei einer anderen Eigentümergemeinschaft sein oder Verstöße gegen deren Regeln. Die Zustimmung des Verwalters muss gesondert beim Notar erfolgen; die Kosten von oft mehreren hundert Euro müssen Sie vermutlich leider selbst zahlen. Einige Verwalter verlangen von Käufern, Ihr Einkommen und Vermögen offenzulegen. Wenn Sie das nicht wollen, stellen Sie die Gegenfrage, welchen Grund zum Misstrauen der Verwalter sieht – und erinnern Sie ihn daran, dass Sie künftig sein zahlender Kunde sind.

→ In Verträgen mit Bauträgern sollten Sie darauf bestehen, dass der geplante Bau des Hauses erwähnt wird. Dann zahlen Sie zwar auch Grunderwerbsteuer auf die Baukosten – aber das müssen Sie sowieso, wenn der Grundstücks- und Bauvertrag ein „verbundenes Geschäft" darstellt. Mit der Erwähnung des Hausbaus im Kaufvertrag stellen Sie klar, dass die relativ kundenfreundlichen Bestimmungen der Makler- und Bauträgerverordnung gelten.

→ Bedrohlich klingt für einige Käufer der Passus, dass Sie sich der sofortigen Zwangsvollstreckung unterwerfen. Doch dieser Passus ist üblich und schadet Ihnen nicht, wenn Sie ordnungsgemäß zahlen. Er bedeutet: Wird der Kaufpreis nicht gezahlt, kann der Verkäufer sofort die Vollstreckung durch den Gerichtsvollzieher beantragen. Das soll es dem Verkäufer erleichtern, seine Ansprüche gegen säumige Zahler durchzusetzen.

Nebenabreden: Möbel im Vertrag

Alles, was Sie im Zusammenhang mit dem Erwerb noch mit dem Verkäufer vereinbaren, gehört in den Kaufvertrag. Was andererseits nicht drin steht, ist ungültig und kann nicht eingeklagt werden. Die Regelung soll verhindern, dass Teile von Immobiliengeschäften schwarz unter dem Tisch erledigt werden. Wenn Sie Gegenstände des Vorbesitzers mit übernehmen – etwa Möbel – dann sollte deren Wert auch im Vertrag stehen. Dieser Betrag bleibt aber frei von Grunderwerbsteuer.

Sachmängel: Gekauft wie gesehen

In der Regel legt der Notarvertrag fest, dass ein gebrauchtes Haus, eine Eigentumswohnung oder ein Grundstück gekauft wird „wie gesehen". Das heißt: Mängel, die Sie als Käufer gesehen haben oder hätten sehen können, fallen Ihnen zu Lasten. Nur für Mängel, die Ihnen der Verkäufer arglistig verschwiegen hat, muss er aufkommen. Doch das ist im Nachhinein schwer durchzusetzen: Sie müssen dazu zunächst beweisen, dass der Verkäufer den Mangel kannte – etwa durch von Handwerkern dokumentierte Reparaturversuche oder durch Protokolle von Eigentümerversammlungen.

Wenn Sie diesen Beweis führen können, haben Sie einen Anspruch, die Mängel nachträglich vom Voreigentümer beseitigen zu lassen oder Schadenersatz zu erhalten. Der Verkauf kann möglicherweise auch rückabgewickelt werden. Wahrscheinlicher aber ist, dass Sie nach jahrelangem Ärger nicht den vollen Kaufpreis zurückerhalten. Machen Sie sich also bewusst, dass Sie das Mängelrisiko als Käufer in der Regel alleine tragen. Achten Sie darauf, dass in dem Vertrag nirgendwo die Behauptung, die Immobilie sei frei von Mängeln, zu lesen ist. Die einzige Ausnahme sind Neubauten oder vor kurzem umgebaute Häuser, bei denen Handwerker und Architekten in der fünfjährigen Gewährleistungsfrist für Bau- oder Planungsfehler einstehen müssen. Mehr dazu im Kapitel „Schlüssel-Ereignisse: Übergabe oder Abnahme" auf Seite 87.

Beim Kauf einer Eigentumswohnung müssen Sie darauf achten, dass es keine Vereinbarung gibt, nach der dem Verkäufer die vom ihm gezahlte Instandhaltungsrücklage erstattet wird.

Vorkaufsrecht: Absicherung des Verkäufers

Vorausschauende Verkäufer wünschen im Notarvertrag die Formulierung, dass sie vom Vertrag zurücktreten können, wenn ein Vorkaufsrecht ausgeübt wird (mehr zum Vorkaufsrecht im Kapitel „Grundbuch: Inhalt und Bedeutung" auf Seite 56). Sie sollten in diesem Fall ihrerseits einen Passus im Vertrag fordern, dass der Verkäufer in diesem Fall die Vertragskosten ganz oder zumindest teilweise übernimmt.

Übergang: Dame oder Herr im Haus

Wenn Sie den Kaufpreis gezahlt haben, kann es noch lange dauern, bis Sie final als Eigentümer im Grundbuch stehen. Daher wird im Kaufvertrag vereinbart, wann „Besitz, Nutzen und Lasten" vom Verkäufer auf Sie übergehen. Diese Formulierung regelt, ab wann Sie Dame oder Herr im Haus sind, wie ein Eigentümer schalten und walten dürfen, aber auch alle laufenden Kosten tragen müssen und gegenüber Dritten für Schäden und Gefahren verantwortlich sind, die von Ihrer Immobilie ausgehen.

Häufig wird für dieses wichtige Ereignis kein festes Datum genannt, sondern der Tag, an dem der Kaufpreis vollständig gezahlt ist. Vor allem für Eigentumswohnungen ist es sinnvoll, den 1. des darauf folgenden Monats als Übergabetag zu vereinbaren. Das erspart Ihnen, dem Verkäufer, dem Verwalter und ggf. dem Mieter ein umständliches Auseinanderrechnen von Zahlungen, die jeweils einmal im Monat fällig sind.

Es kann auch vereinbart werden, dass die Übergabe nach Zahlung des Kaufpreises stattfindet, jedoch frühestens an einem bestimmten Tag. Das hilft Verkäufern, die erst später die Immobilie räumen können.

Für welche Option auch immer Sie sich entscheiden: Im Vertrag sollte klar geregelt sein, bis zu welchem Termin oder welchem Schritt (z. B. Kaufpreiszahlung) der Verkäufer über die Immobilie verfügen darf und ihre laufenden Kosten trägt – und ab wann Sie.

Erschließungsbeiträge

Erschließungskosten fallen oft in Neubaugebieten an sowie an Straßen, die marode sind, nicht asphaltiert sind, keine Kanalisation haben oder deren Umbau in absehbarer Zeit bevorsteht. In einem fairen Notarvertrag zahlt der Verkäufer alle Beiträge, für die es schon Bescheide gibt oder solche, die bis zum Tag der Übergabe eingehen. Alle künftig eingehenden Bescheide zahlt der Käufer.

Eigentümergemeinschaft

Kaufen Sie eine Eigentumswohnung, dann verweist der Kaufvertrag häufig auf das Wohnungseigentumsgesetz, die Teilungserklärung und pauschal auf die Eigentümerbeschlüsse sowie auf den bestehenden Verwaltervertrag und das Wohngeld hin. Diese Punkte sollten Sie zu diesem Zeitpunkt ja längst gründlich geprüft haben. Außerdem sollte es eine Regelung über die nächste Betriebskostenabrechnung geben: Wer bekommt welchen Anteil zurück oder muss ihn nachzahlen?

Maklerprovision: Aus dem Vertrag streichen!

Wenn Ihnen ein Makler die Immobilie vermittelt und einen Notar empfohlen hat, versuchen sie manchmal, ihren Provisionsanspruch im Kaufvertrag festzuschreiben, etwa durch den Satz: „Dieser Kaufvertrag ist durch Vermittlung des Maklers xy zustande gekommen.“ Diese Klausel ist für den Kauf unnötig, doch für Sie eventuell teuer. Bitten Sie daher den Notar, sie aus dem Vertrag zu streichen.

Der Makler mag das Geschäft vermittelt haben, ist aber nicht daran und auch nicht an der Vertragsverhandlung beteiligt. Auch wenn der Verkäufer vielleicht häufiger mit ihm kooperiert, hat er im Vertrag nichts zu suchen. Falls sich nämlich herausstellt, dass er aus irgendeinem Grund keinen Provisionsanspruch gegen Sie hat (siehe „Maklerprovision: Regeln und Ausnahmen“, Seite 84) droht Ihnen wegen einer solchen Klausel doch die Provisionszahlung.

Sehr ungünstig wäre es, wenn neben dem grundsätzlichen Anspruch zudem eine in Euro festgelegte oder prozentuale Provision des Kaufpreises im Vertrag stünde. Das würde den Vertragswert erhöhen, und Sie müssten auf die Maklerprovision Grunderwerbsteuer und Notargebühren zahlen.

Auf keinen Fall soll eine Klausel im Vertrag stehen, in der Sie bestätigen, dass Sie die Immobilie kaufen wie mit dem Makler besichtigt und besprochen, und in der Sie ihn von eventueller Haftung etwa für Fehlinformationen freistellen.

Kosten und Steuern: Das meiste zahlen Sie

Üblicherweise trägt der Käufer alle Kosten des Vertrags, mit einer Ausnahme: Die Kosten, die durch Löschungen im Grundbuch entstehen (insbesondere die Löschung von Grundschulden), muss der Verkäufer zahlen.

Vollmacht für den Käufer: Nötig für die Bank

Sie brauchen im Vertrag eine Vollmacht vom Verkäufer, dass Sie Grundschulden bestellen sowie sich und die Immobilie einer Zwangsvollstreckung durch Ihre Bank unterwerfen dürfen. Die Bank braucht die Immobilie als Sicherheit ab dem Moment, in dem sie Ihren Kaufpreisanteil auszahlt. Sie sind dann aber in aller Regel noch nicht als Eigentümer eingetragen.

Abwicklungsvollmacht: Nötig für den Notar

Sie gestattet dem Notar und seinem Büro, für die Vertragsabwicklung bei Behörden, Banken und anderswo tätig zu werden. Da die Vollmacht an Personen gebunden ist, werden auch alle Gehilfen genannt, die dafür infrage kommen – in großen Notariaten können das viele sein.

Rücktrittsrecht: Sicherheit für Sie

Sie können ein Rücktrittsrecht im Kaufvertrag verankern, falls Entscheidendes noch nicht geklärt ist. Etwa wenn ungewiss ist, ob es für ein Bauträger-Projekt eine Baugenehmigung gibt oder wenn Sie unsicher sind, ob Sie eine Finanzierung erhalten. Zum Rücktrittsrecht gehört in der Regel allerdings, dass Sie alle anfallenden Kosten tragen.

Grundschuldbestellung

Die Bestellung der Grundschuld ist kein Bestandteil des Notarvertrags, sondern ein gesonderter Akt, in dem der Käufer die Eintragung seiner Gläubigerbank im Grundbuch veranlasst. Normalerweise verwenden Banken für die Bestellung des Grundpfandrechts ein Grundschuldbestellungsformular, das der Notar anfordern kann. Einzelne Formulierungen darauf klingen für Käufer oft einschüchternd: „von heute ab mit 12 % zu verzinsen" oder „unterwirft sich der Eigentümer der sofortigen Zwangsvollstreckung in den belasteten Grundbesitz". Aber das betrifft nur die seltenen Fälle, in denen Schuldner ihre Lage nicht mehr in den Griff bekommen.

Maklerprovision: Regeln und Ausnahmen

Die Maklerprovision belastet das Budget von Immobilienkäufern erheblich, mitunter gibt es Ärger um die Forderungen. Kunden haben in einigen Fällen das Recht, nicht zu zahlen.

Eins ist klar: Ein Makler, der gute Arbeit leistet, hat ein entsprechendes Honorar verdient. Doch nicht selten kommt es zwischen Immobiliensuchenden und Maklern zu Konflikten. Kaufinteressenten klagen, dass sie von Maklern nicht wohlwollend, seriös und fachkundig beraten werden. Exposés stellen sich als geschönt, lückenhaft oder beides heraus. Manchmal verweigern Makler auch Zusatzinformationen oder treten bei Besichtigungen arrogant auf. Und dann gibt es Besichtigungstermine, bei denen Massen durchs Objekt geschleust werden, weil das eine Menge Zeit spart. Die Provisionsforderungen erscheinen Immobilienkäufern angesichts der erbrachten Leistung im Nachhinein mitunter horrend.

Die Arbeit der Makler wird im Bürgerlichen Gesetzbuch (BGB) geregelt: Der Verkäufer beauftragt meist den Makler, darf aber mit ihm vereinbaren, dass der spätere Käufer die Provision zahlen muss. Für Mietwohnungen wurde diese Regel 2015 abgeschafft, für Immobilienkäufe gilt sie weiter.

Auch der spätere Käufer gilt als Auftraggeber, wenn er den Makler anspricht, um von ihm etwa den Eigentümer zu erfahren. So ist der Makler, der die begehrte Immobilie vermittelt, oft dem Kunden gegenüber in einer Machtposition: Er kann seinen Provisionssatz im Rahmen des „Ortsüblichen" selbst festsetzen. Wer die Immobilie haben will, ist diesem Diktat ausgeliefert. Darum haben einige Makler bei starker Nachfrage wenig Leistungsanreiz gegenüber den Kunden. Umso wichtiger ist es, dass Interessenten und Käufer ihre Rechte gegenüber Maklern kennen – vor allem die Bedingungen und Grenzen des Rechts auf Provision. Diese ist unter folgenden Umständen fällig:

→ Der spätere Käufer kannte das Objekt nicht, bevor der Makler es ihm genannt, ihm einen Besichtigungstermin und den Verkäufer vermittelt hat.

→ Der spätere Käufer kannte Objekt und Verkäufer bereits, hat aber auch von ihm das Angebot erhalten oder sich aber im Rahmen des Verkaufs an den Makler gewandt.

→ „Vermitteln" mehrere Makler einem späteren Käufer dasselbe Objekt, dann haben alle Anspruch auf Provision. Wie Sie das vermeiden können, steht auf Seite 23.

→ Provisionsanspruch hat ein Makler selbst dann, wenn er die Immobilie ohne Wissen und Zustimmung ihres Eigentümers angeboten hat.

→ Ein Maklerangebot war formal nicht korrekt (siehe unten), der spätere Käufer hat aber eine Erklärung unterschrieben, dass er bei einem Kauf Provision zahlen wird.

→ Der Makler vermittelt Käufer und Verkäufer, das Geschäft scheitert zunächst. Der Verkäufer inseriert später selbst ohne Makler das Objekt günstiger, der damalige Interessent geht direkt zu ihm und kauft. Auch dann hat ursprünglich der Makler das Geschäft vermittelt.

→ Ein Scheininteressent kauft nicht, sondern gibt die Information des Maklers unerlaubt an einen Dritten weiter oder ist mit dem späteren Käufer eng verwandt. Dann muss der Scheininteressent zahlen, obwohl er nicht gekauft hat (OLG Frankfurt Az. 17 U 123/96).

→ Der Makler ist auch Verwalter der Eigentumswohnungsanlage. Hat er das Objekt vermittelt, darf er auch in diesem Fall Provision kassieren.

Wann Sie nicht zahlen müssen

Keinen Provisionsanspruch haben Makler unter anderem in folgenden Fällen:

→ Jemand hat ein Objekt und seinen Eigentümer von ihnen vermittelt bekommen, es aber dann nicht gekauft und auch nicht die Information des Maklers an einen anderen gegeben, der später kaufte.

→ Jemand hat nur das Exposé erhalten, den Verkäufer dann selbst ausfindig gemacht und ohne Zutun des Maklers das Objekt besichtigt, verhandelt und gekauft (Kammergericht Berlin Az. 10 U 3177/98). Geht jemand aber erst nach der vom Makler organisierten Besichtigung direkt zum Verkäufer, dann besteht doch Anspruch

→ Der Makler hat nur pauschal „Provisionsanspruch" geltend gemacht, aber keinen Prozentsatz und keinen Betrag genannt.

→ Er hat bei der Abgabe des Vermittlungsangebots nicht auf die Provision hingewiesen. Um sich gegen solche unerlaubte Forderungen abzusichern, sollten Kunden von derartigen Online-Angeboten Screenshots oder Ausdrucke machen.

→ Ein Makler weist nicht ausdrücklich darauf hin, dass ein Provisionsanspruch gegenüber dem Käufer besteht. Das lässt die Deutung zu, dass er sie vom Verkäufer beanspruchen wollte.

→ Der Käufer kann nachweisen, dass er Objekt und Anbieter schon kannte und hat den Makler nicht um Vermittlung gebeten.

→ Der Auftrag an den Makler kam zustande, indem der spätere Käufer sein Vermittlungsangebot am Telefon oder im Internet annahm; der Käufer hat jedoch den Vermittlungsvertrag mit dem Makler binnen 14 Tagen widerrufen. Das darf er nach dem „Fernabsatzgesetz". Ist im Maklervertrag jedoch für diesen Fall eine „Wertersatzklausel" enthalten, dann hat der Makler Anspruch auf diesen Ersatz.

→ Der Makler hat bei Vermittlung per Telefon oder Internet den späteren Käufer nicht über das Widerrufsrecht binnen 14 Tagen aufgeklärt. Dann kann der Käufer noch nach einem Jahr plus 14 Tagen widerrufen, also auch nach dem Kauf.

→ Der Provisionsanspruch ist extrem überhöht – und damit sittenwidrig (OLG Frankfurt Az. 18 U 59/07).

→ Ein Makler bietet ein Objekt und nennt eine Provision, die höher ist als ortsüblich. Der Kunde vereinbart einen Termin über den Makler und kauft dann das Objekt. Dann muss er nicht die genannte, sondern nur die ortsübliche Provision zahlen (OLG Frankfurt Az. 19 U 61/99).

→ Für den Käufer platzt das Geschäft, weil die Gemeinde ein Vorkaufsrecht ausübt.

→ Das Geschäft platzt, weil der Verwalter einer Eigentumswohnanlage dem Verkauf nicht zustimmt (LG Düsseldorf Az. 21 S 685/97).

→ Das Geschäft kommt nicht zustande, weil sich ein Grundstück als unbebaubar erweist, der Käufer für diesen Fall ein Rücktrittsrecht vom Vertrag hat und es ausübt (HansOLG Az. 11 U 10/99).

→ Der Kaufvertrag wird mit Erfolg wegen Arglist oder Irrtum angefochten (HansOLG Az. 11 U 176/96).

Makler informiert falsch: Schadenersatz

In extremen Fällen müssen Makler Schadenersatz zahlen, wenn sie bewusst oder grob fahrlässig Falschinformationen gegeben haben, die zu einem Kauf führten. Hier gilt: Je mehr der Makler mit seiner Fachkompetenz wirbt, desto eher kann der Kunde erwarten, dass seine Informationen stimmen. Für Fehler haftet der Makler vor allem dann, wenn

er so getan hat, als habe er Wissen erworben – statt ausdrücklich zu betonen, dass er nur Informationen Dritter ungeprüft weitergibt. Vermittelt er eine Eigentumswohnung, fallen weitergegebene Falschinformationen zum Wohngeld und Instandhaltungsbedarf zu seinen Lasten. Steuer- und Rechtsauskünfte müssen ebenfalls stimmen, auch wenn ein Makler in aller Regel nicht Finanzexperte oder Jurist ist. Übrigens kommt es nicht darauf an, ob der Chef eines Maklerbüros persönlich falsch informiert hat oder ein Mitarbeiter. Für dessen schwere Fehler haftet der Unternehmer, wenn sie ihm Rahmen einer beauftragten Arbeit begangen sind. Schadenersatzansprüche entstehen nicht nur durch Lügen und Schwindeln, sondern auch durch Verschweigen eines Nachteils – auch wenn der Kunde das Thema gar nicht anspricht. Der Makler muss alles ungefragt mitteilen, was wichtig für den Kaufentschluss sein kann (BGH Az. V ZR 389/01). Und stellt er ein Missverständnis des Kunden fest, muss er diesen aufklären.
Ein Makler hat das Recht, ungeprüft Angaben des Verkäufers in sein Exposé zu übernehmen – allerdings muss er darauf hinweisen, zum Beispiel mit dem Satzteil „nach Angaben des Eigentümers". Erfährt der Makler jedoch von einem Fehler im Exposé, muss er das seinen Kunden mitteilen (BGH Az. III ZR 43/99).

Schadenersatz kann bedeuten, dass er die Provision zurückzahlen muss – aber je nach Schwere des Falles auch weit mehr. Einige Fälle, in denen Makler verurteilt wurden:

- → Der Makler verschwieg einen Dachschaden (OLG Celle, Az. 11 U 170/02).
- → Er verschwieg Schädlinge und Hausbock (BGH Az. III ZR 295/04).
- → Der Makler ließ ein Gutachten, das viele Mängel auflistete, unter den Tisch fallen (OLG Naumburg, Az. 9 U 84/01).
- → Er verschwieg, dass das Wohnen in Kellerräumen nicht zulässig war (OLG Oldenburg, Az. 6 U 6/09).
- → Er verheimlichte einen früheren Schwammschaden, der schon beseitigt war (OLG Hamburg, Az. 6 U 47/08).
- → Der Makler verschwieg, dass das Denkmalamt den Schutz des Hauses prüfte (OLG Oldenburg, Az. 4 U24/14).
- → Der Makler verheimlichte soziale Probleme in einem Viertel, das auf den ersten Blick solide wirkte (LG Heidelberg, Az. 2 S 46/05).
- → Er verschwieg, dass der Heizöltank ohne Nutzungsrecht auf dem Nachbargrundstück lag (BGH Az. V ZR 207/80).
- → Er verschwieg einem Gewerbetreibenden, dass in der Nähe ein Konkurrent ansässig war (OLG Frankfurt, Az. 16 U 179/84).
- → Eine Maklerin nannte gegenüber einem Käufer überhöhte Mieteinnahmen, die tatsächlichen Mieteinnahmen waren längst nicht so hoch (LG Berlin Az. 5 O 430/10).

Täuschung durch Verkäufer und Makler: Vertrag rückabwickeln

Die letzte Konsequenz bei schweren Auseinandersetzungen wegen falscher Maklerangaben ist die Anfechtung des Kaufvertrags durch den getäuschten Käufer. Dieser muss aber nachweisen können, dass der Makler ihn durch Lügen oder Verschweigen arglistig getäuscht hat. Zudem muss auch der Ex-Eigentümer vom Nachteil gewusst haben. In diesem Fällen kann der Käufer sein Geld zurückverlangen – vom Verkäufer den Immobilienpreis, vom Makler die Provision, auch Nebenkosten wie Grunderwerbsteuer und Grundbucheintragung müssen erstattet werden. In weniger schweren Fällen kann der Erwerber auch einen Teil des Kaufpreises wegen „Wertminderung" zurückbekommen und die Immobilie behalten.

Schlüssel-Ereignisse: Übergabe oder Abnahme

Der Vertrag ist geschlossen, der Möbelwagen bestellt: Der Tag, an dem die Immobilie in Ihren Besitz übergeht, ist ein Tag zum Feiern. Aber auch einer, der Aufmerksamkeit verlangt.

Älteres Haus: Übergabe

Der Tag des Einzugs kommt näher. Meist wollen und müssen Sie aber schon vorher in die neue Immobilie, um zu renovieren oder zu modernisieren, den Baufortschritt zu begutachten und auf Mängel zu achten.

Schon bei gebrauchten Häusern und Wohnungen können zwischen Besichtigung, Kaufvertrag, Übergabe und Einzug Monate vergehen. Meist enthält der Notarvertrag eine Klausel, die dem bisherigen Eigentümer für seine verbleibende Zeit „Verschleiß durch normalem Gebrauch" zubilligt. Finden Sie bei der Schlüsselübergabe die Immobilie in einem viel schlechteren Zustand vor als bei der Besichtigung einige Monate zuvor, dann haben Sie meist ein Beweisproblem. Besonders wertvolle und verschleißanfällige Teile sollten Sie daher vor dem Kauf fotografiert haben.

Die Schlüsselübergabe

Der Zeitpunkt der Übergabe von „Nutzen und Lasten" ist im Notarvertrag geregelt. Es kann ein festes Datum sein oder das Erreichen eines bestimmten Stadiums – häufig die Zahlung des Kaufpreises. Jetzt bekommen Sie Schlüssel, Verfügungsgewalt und Verantwortung. In einem Übergabeprotokoll können Sie in der Wohnung hinterlassene Gegenstände und technische Daten wie die Zählerstände für Strom und Wasser festhalten. Einen übermäßigen Verschleiß wird Ihnen der Verkäufer kaum bescheinigen; hier können nur Vergleichsfotos mit dem alten Zustand helfen. Weitere Mängel stehen meist nicht im Protokoll, denn diese kaufen Sie quasi absichtlich mit, wenn sie nicht verborgen sind.

Eigentumswohnung: Verwaltung kontaktieren!

Bei einer Eigentumswohnung sollten Sie jetzt die Hausverwaltung mit ein paar freundlichen Zeilen benachrichtigen. Sie zahlen Wohngeld (für den Übergabemonat oft anteilig) und können bei der nächsten Eigentümerversammlung mitreden und -stimmen. Wenn von der Verwaltung die erste Betriebskostenabrechnung kommt, erklärt entweder der Verwalter, wie die Differenz zwischen Vorauszahlung und ermittelten Kosten auszugleichen sind, oder Sie besprechen das direkt mit dem Verkäufer.

AUSFÜLLHINWEIS

→ S. 141

Übergabe

Diese Checkliste hilft Ihnen bei der Übergabe der Immobilie. Nehmen Sie sie zum Termin mit und haken Sie die einzelnen Punkte ab. Wenn wenig zu ergänzen ist, können Sie und der Verkäufer sie auch als Basis für das Übergabeprotokoll nutzen und müssen dann nur noch die Personen- und Objektdaten eintragen sowie Punkte streichen, die für diese Immobilie unzutreffend oder unwichtig sind.

Neues und umgebautes Haus: Abnahme

Während die Übergabe einer gebrauchten Immobilie rechtlich nicht detailliert geregelt ist, gelten für die Abnahme von Neu- und Umbauten in vielen Punkten feste Regeln. Der Hintergrund: Bauträger und andere Bauunternehmen sind für Mängel viel stärker verantwortlich als der bisherige Eigentümer eines fertigen Hauses oder einer Wohnung. Von ihnen übernehmen Sie nicht wie beim Kauf des Gebrauchthauses eine weitgehend unveränderliche Sache, sondern Sie kaufen mitunter das Ergebnis eines pannenträchtigen Bauens.

Viele Regeln für die Abnahme werden mit dem reformierten Bauvertragsrecht geändert (siehe „Neues Recht für Bauverträge", Seite 47). Dieser Text basiert auf den neuen Regeln, die der Bundestag mit Geltung ab 2018 verabschiedet hat, nicht auf den Regeln bis 2017.

Besser mehrere Abnahmen vereinbaren

Bei Kleinprojekten gibt es oft nur eine Abnahmeprozedur mit dem Bauträger oder dem Generalunternehmer, bei größeren und komplexeren Projekten sind es viele. Verschiedene Stufen des Roh- und Ausbaus und auch die Arbeiten unterschiedlicher Gewerke – vom Rohbau-Maurer bis zum Maler und Tapezierer – werden einzeln abgenommen.

Für Sie als Immobilienkäufer gilt: Auch wenn Sie für Ihr Eigenheim viele Handwerker beauftragt haben, sollten Sie die Abnahmen an einzelnen Terminen verabreden. Das erleichtert Bauherren die Konzentration auf alle wichtigen Punkte und bei eventuellen Diskussionen. Bei neuen und umgebauten Eigentumswohnungsanlagen wird oft das Gemeinschafts- und das individuelle Eigentum („Sondereigentum") getrennt abgenommen. Das erste gehört allen Eigentümern, das zweite nur dem der jeweiligen Wohnung.

Die Abnahme: Start der Gewährleistungsfrist

Obwohl es bei der Abnahme vor allem um Mängel geht, legen Unternehmen viel Wert auf die Prozedur. Sie haben nämlich ab dann Anspruch auf ihren vereinbarten Lohn und nicht nur auf Abschläge. Mit der Abnahme beginnt auch die fünfjährige Gewährleistungsfrist, nach deren Ablauf Mängel meist nur noch Sache des Eigentümers sind – abgesehen von versteckten Mängeln; für sie gilt eine 30-Jahres-Frist. Auch die „Gefahrtragung", die Verantwortung für Folgeschäden von Baumängeln, liegt nach der Abnahme beim Eigentümer. Die Beweislast wechselt ebenfalls mit der Abnahme: Bis zu diesem Zeitpunkt muss bei einer Auseinandersetzung das Unternehmen beweisen, dass es eine vereinbarte Leistung ohne Mangel ausgeführt hatte. Ab jetzt muss der Eigentümer beweisen, dass etwas nicht ausgeführt wurde.

Aus allen genannten Gründen versuchen manche Bauherren, die Abnahme möglichst hinauszuschieben oder gar ganz zu vermeiden. Das ist durch die Gesetzesreform schwieriger, denn sie ermöglicht die „fiktive Abnahme". Der Unternehmer muss bei einem Privatbauherrn die Abnahme schriftlich verlangen und ihn auf die Rechtsfolgen einer verweigerten Abnahme hinweisen. Verweigert der Bauherr die verlangte Abnahme ohne triftigen Grund, dann gilt die Abnahme trotzdem als geschehen. Ein solcher triftiger Grund ist ein Mangel, den der Bauherr schon festgestellt hat. Unfertige und schadhafte Teile des Baus will und kann er natürlich nicht abnehmen.

UNSER RAT

Dokumente vollständig?

Bei der Übergabe des Hauses geht nicht nur die Immobilie in Ihren Besitz über, sondern auch wichtige Dokumente, die Sie auf unserer Checkliste (Seite 141) überprüfen können. Dazu gehören Bauzeichnungen, Grundsteuerbescheide und alte Grundbuchakten. Achten Sie darauf, dass Bauzeichnungen, Baubeschreibungen, Grundrisse und statische Berechnungen nicht nur für das Hauptgebäude, sondern auch für Anbauten vorhanden sind. Seit 2009 müssen Eigentümer in Deutschland beim Verkauf der Immobilie einen Energieausweis für das Objekt übergeben.

Mängel: Im Zweifel muss ein Gutachter draufschauen

Ob einfache, an der Oberfläche sichtbare Arbeiten gut ausgeführt wurden, können Sie selbst beurteilen. Doch viele Mängel fallen nur Experten auf. Bei einem teuren und komplizierten Bau sollten Sie daher einen Sachverständigen beauftragen, bei der Abnahme präsent zu sein. Über diese wird ein Protokoll erstellt, in dem die festgestellten Mängel festgehalten werden. Wenn dies Ihr bauendes oder handwerkliches Gegenüber entwirft, lesen Sie es ganz genau und bestehen Sie vor Ihrer Unterschrift bei Lücken und Fehlern auf einer Korrektur.

Dokumentation der Schäden lohnt oft

Heikel wird es, wenn eine Immobilie bei der Abnahme noch voller Mängel ist. Dann können Sie sie noch nicht bewohnen – wegen der Bauarbeiten, wegen mangelnder Funktionalität und oft auch aus Beweisgründen: Würden Sie jetzt einziehen, dann könnten Unternehmen später leichter Ihnen einen Schaden in die Schuhe schieben, den sie selbst verursacht haben. Wer die Kosten eines verzögerten Umzugs trägt, hängt stark vom Vertrag ab: Ist ein Einzugs- oder Fertigstellungsdatum fixiert, zahlt das Unternehmen, sonst Sie. In dieser Situation führt oft die Frage zu einem weiteren Streit, ob die Immobilie bezugsfertig ist oder noch nicht. Droht ein Konflikt, müssen Sie die Hinderungsgründe besonders sorgfältig dokumentieren.

Und während die Mängelliste nach und nach kürzer wird, sollten Sie schon anfangen, für den Bauerhalt zu sparen: Nach der Reparatur ist vor der Instandhaltung.

Service

Glossar

Abschlussgebühr: Unzulässig für private Immobiliendarlehen.

Annuität: Jahresrate des Kredits, z. B. 1,5 Prozent Zins und 3 Prozent der Anfangsschuld = 4,5 Prozent der Anfangsschuld. Bleibt bis zum Ende der Zinsbindung gleich und wird meist in zwölf Monatsraten gezahlt.

Auflassungsvormerkung: Vermerk im Grundbuch, der festlegt, dass nur der Begünstigte (der Immobilienkäufer) neuer Eigentum der Immobilie werden kann. Sie sichert den Erwerber z. B. gegen Insolvenz des Verkäufers oder gegen betrügerische Mehrfachverkäufe ab.

Bearbeitungsgebühr: Das Gleiche wie die Abschlussgebühr – und genauso unzulässig (außer beim Abschluss von Bausparverträgen).

Beleihungsauslauf: Darlehenshöhe im Verhältnis zum Beleihungswert. Je höher der Beleihungsauslauf, desto größer ist das Risiko der Bank – und der Zins des Kredits.

Beleihungsgrenze: Maximaler Beleihungsauslauf einer Bank – meist etwa 80 Prozent des Beleihungswerts.

Beleihungswert: Vom Darlehensgeber definierter Wert der Immobilie. Liegt meist unter dem Kaufpreis und soll dem Betrag entsprechen, den die Bank erwartet, wenn sie eine überschuldete Immobilie verwerten muss.

Bereitstellungszinsen: Laufen nach einer bestimmten Frist nach Abschluss des Kreditvertrags (z. B. nach drei, sechs oder zwölf Monaten) für die Darlehensteile, die noch nicht ausgezahlt sind. Er liegt heute oft über dem späteren Darlehenszins, z. B. bei 0,25 Prozent pro Monat (nicht pro Jahr!). Die Bank erhebt diese Zinsen, weil sie das Geld zur Auszahlung bereithält und nicht anderswo einsetzen kann. Bereitstellungszinsen fallen vor allem an, wenn ein Neubau- oder großes Modernisierungsprojekt langsam läuft oder wenn es Probleme bei der Abwicklung des Kaufvertrags gibt, sodass das Darlehen noch nicht ausgezahlt werden kann. Wer mit ungewissem Zeitplan neu oder groß umbaut, sollte auf spät einsetzende und niedrige Bereitstellungszinsen Wert legen.

Bonität: Kreditwürdigkeit aus Sicht der Bank. Wichtige Einflussfaktoren sind Einkommen, Berufsstatus und Arbeitsplatzsicherheit (z. B. höhere Bonität von Beamten), Eigenkapital, Schufa-Wert, sonstige Vermögenswerte und Schulden. Je höher die Bonität, desto besser sind oft die Konditionen – vor allem der Zins.

Bürgschaft: Verpflichtung, für die Schulden eines anderen einzutreten – zum Beispiel, wenn wohlhabende Eltern für den Kredit ihrer Kinder bürgen. Eine Bürgschaft verbessert oft die Konditionen. Wer sie gewährt, sollte dies nur bei großem Vertrauen in die Zahlungsfähigkeit und -willigkeit des eigentlichen Kreditnehmers tun. Sonst droht die Übertragung seiner Schulden, ohne dass die Immobilie an den Bürgen übergeht.

Disagio: Vorweggenommene Zinsen, die bei der Auszahlung in Form eines Abschlags von der Darlehenssumme einbehalten werden. Kann von künftigen Vermietern steuerlich genutzt werden, allerdings nicht, wenn die Immobilie vom Käufer selbst genutzt wird.

Effektivzins: Bezieht anders als der Nominalzins Nebenbedingungen ein, liegt meist etwas höher und ist ein besserer Vergleichsmaßstab zwischen Krediten.

Eigenkapital: Anteil des Käufers an der Immobilienfinanzierung. Auch das bereits gekaufte und bezahlte Grundstück zählt dazu. Das Eigenkapital im Verhältnis zum Gesamtwert der Immobilie ist die Eigenkapitalquote, die in der Regel mindestens 20 Prozent betragen sollte.

Festdarlehen: Während der meist langen Laufzeit werden nur Zinsen gezahlt; getilgt wird das gesamte Darlehen am Schluss. Daher teuer und riskant, wenn es in Verbindung mit einer Lebensversicherung verkauft wird.

Grundbuch: Register, in dem die genauen Besitzverhältnisse von Grundstücken oder Wohneigentum festgehalten sind. Im Grundbuch steht unter anderem, ob Leitungen über ein Grundstück verlegt werden dürfen oder ob es mit Hypotheken belastet ist. Banken verlangen vor einer Kreditvergabe in der Regel eine Grundbucheinsicht.

Grundschuld: Eintragung im Grundbuch, in der Regel in der Höhe des aufgenommenen Kredits.

Konditionen: Sammelbegriff für Krediteigenschaften: Zinshöhe und Zinsbindung, Darlehenshöhe (auch im Verhältnis zum Objektwert), Bereitstellungszinsen und Nebenkosten, Höhe und Flexibilität der Tilgung usw.

Nominalzins: Rechnerischer Zinssatz, von geringerer Aussagekraft als der Effektivzins

Rate: Meist feste und monatliche Zahlung, die sich aus Zins und Tilgung zusammensetzt, wobei der Tilgungsanteil mit der Zeit steigt. In manchen Verträgen können Kreditnehmer die Rate während der Zinsbindung ein- oder zweimal verändern, wenn sie mehr oder weniger tilgen wollen. Am Ende der Zinsbindung verändert sich die Rate meist mit dem Zins, kann also mit ihm kräftig steigen.

Restschuldversicherung: Mit Restschuldversicherungen können Immobilienkäufer ihre Kredite absichern. Es gibt die unterschiedlichsten Modelle: Einige versichern Arbeitslosigkeit oder Arbeitsunfähigkeit, sinnvoll und preisgünstig sind Restschuldversicherungen für den Todesfall. Der Abschluss einer solchen Versicherung ist immer freiwillig.

Schufa: Datensammelstelle großer Kreditgeber mit personenbezogenen Daten zu Schulden, Verpflichtungen und Zahlungsverhalten. Der aus allem errechnete Schufa-Score ist wichtig für Bonität und Kreditkonditionen. Sie haben gegen Gebühr Auskunftsanspruch über Ihre von der Schufa gesammelten Daten.

Sondertilgung: Option im Kreditvertrag, in bestimmten Zeiträumen (meist jährlich) einmal einen bestimmten Teil des Kredits (oft z. B. 5 Prozent der ursprünglichen Kreditsumme) zusätzlich zur normalen Rate zu tilgen. Tilgung in beliebiger Höhe ist am Ende jeder Zinsbindung möglich.

Teilauszahlung: Bei Neubauten oder großen Umbauten/Sanierungen überweist die Bank das Darlehen nach Baufortschritt. Dafür verlangt sie oft einen Zuschlag.

Tilgung: Rückzahlung von Schulden. Die Regeltilgung ist Teil der normalen Rate und wächst mit der Zeit automatisch. Hinzu können Sondertilgungen kommen.

Tilgungsfreiheit: Zeit, in der nur Zinsen gezahlt werden – z. B. die ersten Jahre oder bei einem Festdarlehen die gesamte Kreditlaufzeit. Klingt bequem, hält aber Schulden und Zinslast hoch.

Tilgungsplan: Zeigt, wie und wann bei gleichbleibenden Zinsen und Raten die Schulden abgetragen werden. Auch Modellrechnungen mit späteren Änderungen sowie mit Sondertilgungen sind möglich.

Variabler Zins: Der Zins liegt nicht für eine bestimmte Zeit fest (Zinsbindung), sondern schwankt mit dem Markt. Dafür kann der Kredit jederzeit ohne Vorfälligkeitsentschädigung ganz oder teilweise getilgt werden. Die mildere Variante ist das Cap-Darlehen, für das ein Mindest- und Höchstzins gilt.

Verkehrswert: Der Wert einer Immobilie oder eines Grundstücks, der bei einem möglichen Verkauf mit einiger Wahrscheinlichkeit erzielt werden könnte.

Volltilgung: Planmäßige Darlehensrückzahlung bis zum Ende der vereinbarten Zinsbindung.

Vorfälligkeitsentschädigung: Summe, die Banken verlangen, wenn ein Kreditkunde das Darlehen vor Ablauf der Zinsbindungszeit zurückzahlt.

Wertschätzungsgebühr: Ist nach mehreren Gerichtsurteilen verboten, wird aber von manchen Banken für das Wertschätzungsgutachten noch immer verlangt. Wird teils auch als Kostenschätzungs- oder Beleihungswert-Ermittlungsgebühr bezeichnet.

Wohngebäudeversicherung: Die Versicherung zahlt bei Schäden durch Feuer (Brand, Blitzeinschlag, Explosion), Sturm und Hagel sowie bei Leitungswasserschäden (Rohrbruch, Frost, Nässeschäden). Überschwemmungsschäden durch Starkregen sind in der Regel nicht im Versicherungsschutz enthalten, deshalb kann der Abschluss einer zusätzlichen Elementarschadenversicherung lohnen.

Zins: Kosten des Darlehens, meist ein für eine bestimmte Zeit festgelegter prozentualer Anteil davon. Während der Tilgung sinkt die Höhe des restlichen Darlehens – der zu zahlende Zins sinkt, auch wenn Ihr Zinssatz in Prozent gleich bleibt.

Zinsbindung: Der Zins wird in der Regel für 5, 10, 15 oder 20 Jahre fixiert – je länger, desto höher ist er. Während dieser Zinsbindungsfrist können Sie über das Vereinbarte hinaus nicht tilgen (oder nur gegen Gebühr). Nach 10 Jahren können Sie jedoch jeden Kredit kündigen. Eine lange Zinsbindungsfrist ist sinnvoll bei Immobilienkäufern, die wissen, dass sie die Immobilie lange besitzen werden, ihre Finanzverhältnisse sich nicht wesentlich ändern und sie vor allem eine sichere Finanzierung mit festen Raten wünschen. Eine kurze Zinsbindung empfiehlt sich, wenn Käufer möglicherweise nach einigen Jahren das Objekt verkaufen wollen oder wenn sie finanziellen Spielraum für höhere Tilgungen haben – zum Beispiel weil sie eine Gehaltserhöhung oder eine Schenkung erwarten. So können Käufer Zinsen sparen und sind freier in der künftigen Tilgung.

Register

Der Autor: Dipl.-Ing. Roland Stimpel ist Fachautor für Immobilien, Bauen und Wohnen. Er war u. a. Redakteur beim Stern und der Wirtschaftswoche sowie Chefredakteur des Deutschen Architektenblatts.

2., aktualisierte Auflage

Stiftung Warentest
Lützowplatz 11–13
10785 Berlin
Telefon 0 30/26 31–0
Fax 0 30/26 31–25 25
www.test.de
email@stiftung-warentest.de

USt-IdNr.: DE136725570

Vorstand: Hubertus Primus
Weitere Mitglieder der Geschäftsleitung:
Dr. Holger Brackemann, Daniel Gläser

Programmleitung: Niclas Dewitz

Autor: Roland Stimpel

Projektleitung: Veronika Schuster
Lektorat: Kirsten Schiekiera, Veronika Schuster
Korrektorat: Jonas-Philipp Dallmann, Berlin
Fachliche Unterstützung: Renate Daum, Annegret Jende, Dirk Krutke, Jörg Sahr, Eugénie Zobel-Kowalski
Titelentwurf: Josephine Rank, Berlin
Layout: Martina Römer, Berlin
Grafik, Satz: Anna Bakalovic Gestaltung
Bildnachweis: mauritius images / Westend61 / Rainer Berg (Titel)

Produktion: Vera Göring
Verlagsherstellung: Rita Brosius (Ltg.), Susanne Beeh, Romy Alig
Litho: tiff.any, Berlin
Druck: Rasch Druckerei und Verlag GmbH & Co. KG, Bramsche

ISBN: 978-3-7471-0060-8

Wir haben für dieses Buch 100 % Recyclingpapier und mineralölfreie Druckfarben verwendet. Stiftung Warentest druckt ausschließlich in Deutschland, weil hier hohe Umweltstandards gelten und kurze Transportwege für geringe CO_2-Emissionen sorgen. Auch die Weiterverarbeitung erfolgt ausschließlich in Deutschland.

Service

Alle Formulare können Sie auch kostenlos herunterladen. Sie finden sie unter **www.test.de/ immobilienset**

Formulare
zum Heraustrennen

Bedarfsanalyse

__________ Räume für je eine Person

__________ Räume für mehrere Personen (z. B. kleine Kinder, Schlafzimmer)

__________ Räume für alle (z. B. Wohnzimmer, Esszimmer)

__________ Räume für Sonderfunktionen (z. B. Arbeit, Gäste, Hobby, Technik, Aufbewahren und Lagern)

= __________ **Zahl der Räume insgesamt**

Dazu kommen Nutzräume

__________ große Küche (mit Essplatz)

__________ kleine Küche

__________ Badezimmer

__________ Gäste-Badezimmer

__________ separates WC

__________ Lagerraum im Keller, Dachboden oder Gartenschuppen

Grundstücksgröße von __________ bis __________ qm

Weitere Wünsche

(z. B. Anzahl der Geschosse, Garten, Terrasse, Balkon, Carport, Garage, Ausstattung wie Kamin usw.)

____

____

____

____

____

____

Evtl. Kostenvorstellung ____________________ Euro

Einzugstermin möglichst am ____________________

Budget-Ermittlung

Als Eigenkapital tauglich

____________	Giro- und Tagesgeldkonten (ohne Notfall-Reserve)
+ ____________	weiteres Sparguthaben
+ ____________	Aktien (zum Kurswert)
+ ____________	Anleihen (zum Kurswert)
+ ____________	Anteile an Fonds (Renten, Aktien, offene Immobilien, zum Rücknahmepreis)
+ ____________	Bausparguthaben
+ ____________	Mittel aus Riesterverträgen
+ ____________	Verwandten- und Arbeitgeberdarlehen (im Grundbuch nicht oder nachrangig abgesichert)
= ____________	**Summe**

Als Darlehenssicherheit tauglich

____________	Festgeld und langfristig fixierte Sparpläne
+ ____________	Kapitallebensversicherung, Rentenversicherungen (zum Rückkaufswert)
+ ____________	schuldenfreies Immobilienvermögen (Immobilie, Grundstück, Marktwert minus 20 %)
+ ____________	Verkaufbare Unternehmensbeteiligungen
= ____________	**Summe**

Ermittlung des maximalen Kaufpreises

____________	Summe Eigenkapital
+ ____________	Summe Darlehenssicherheiten
= ____________	**Summe Eigenkapital plus Sicherheiten**
	x 4
____________	**maximaler Kaufpreis (ca.)***

* Sie können zwar etwa das Fünffache des Eigenkapitals als Kredit erhalten, haben aber auch noch Nebenkosten. Daher der Faktor 4.

Mögliche Höhe der Kreditrate

Einnahmen pro Monat

______	Nettoeinkommen aller Verdienenden im Haushalt
+ ______	Kindergeld
+ ______	Zinserträge auf langfristige Anlagen, die nicht gekündigt werden (Übernahme des Vorjahreswerts)
+ ______	andere Einkünfte (z. B. selbstständige Tätigkeiten)
+ ______	Netto-Mieteinnahme bei Vermietung und Verpachtung
= ______	**Summe, durchschnittliche**

Ausgaben pro Monat

______	Ausgaben für die Lebensführung, durchschnittlich pro Monat (z. B. Nahrung, Kleidung, Pflege und Reinigung, Verkehr, Kommunikation, Freizeit, ohne Miete und Bausparkassenrate)
+ ______	regelmäßige feste Ausgaben (z. B. Versicherungen, Ratenkredite, Unterhalt)
+ ______	künftige monatliche Immobilien-Nebenkosten (Grobansatz: 3,50 € pro Quadratmeter, soweit noch nicht bekannt, siehe auch Arbeitsblatt „Ihr Finanzbedarf“)
= ______	**Summe, durchschnittliche**

Endrechnung Kreditrate

______	Summe Einnahmen
– ______	Summe Ausgaben
– ______	Sicherheitsreserve (z. B. 10 % der Lebenshaltungskosten)
= ______	**maximal mögliche Kreditrate pro Monat**

Makler-Suchauftrag

Abs.

Name

Straße

PLZ, Ort

Telefon

Mobil

E-Mail

Datum, Ort

Sehr geehrte(r) Damen und Herren / Frau / Herr ______________________________,

ich suche ein Kaufobjekt im folgendem Rahmen: ______________________________

____

(Angaben zu Ort/Region, Immobilientyp, Größe, weitere Anforderungen, z. B. Ausstattung, Vermietungsstatus, Maximalpreis)

Wenn Sie solche Objekte vermitteln können, bitte ich Sie um Informationen. Bitte senden Sie mir ausdrücklich keine Angebote von Immobilien zu, die von Dritten

über die Internet-Immobilienbörsen ______________________________

im Baugebiet ______________________________

angeboten werden. Diese habe ich selbst im Blick.

Bitte nennen Sie mir keine Objekte in Zwangsversteigerung sowie keine, bei deren Erwerb für mich die Gefahr einer mehrfachen Provisionszahlung an Sie und andere Makler besteht.

Der Ordnung halber weise ich darauf hin, dass dies kein Makler-Alleinauftrag ist und bei einem Kauf ohne Ihre Vermittlung keine Provision für Sie anfällt.

Ich bitte Sie um Verständnis für die genannten Einschränkungen und freue mich auf die Zusammenarbeit.

Mit freundlichen Grüßen

____

Datum, Unterschrift

Exposé prüfen

Objektart (frei stehendes Haus, Doppel- oder Reihenhaus, Eigentumswohnung)

Preis

evtl. Maklercourtage (Höhe in Prozent)

Adresse oder zumindest grobe Lage

Wohnfläche insgesamt

Bei Häusern: Grundstücksfläche in qm

Bei Wohnungen: Etage und/oder Aufzug

Anzahl der Nebenräume (Keller, Garage, Dachboden, Schuppen usw.)

Anzahl der Zimmer (Wohnen, Essen, Schlafen)

Baujahr

Bauweise (z. B. massiv, Fertighaus)

Sanierungen und Modernisierungen, in welchem Jahr

Schäden und Mängel am Objekt

Bei Eigentumswohnungen monatliches Wohngeld, Höhe der angesammelten Rücklage, anstehende Sonderumlagen

Bei Neubauten momentaner Status:

☐ geplant ☐ genehmigt ☐ im Bau ☐ geplantes Fertigstellungsdatum:

Im Haus- und Wohnungsbestand:

Vermietung ☐ ja ☐ nein

Wenn nein: bezugsfrei ab wann?

Wenn ja:

Miethöhe kalt und warm

Angaben zum Mieter (ungefähres Alter, Mietdauer, ggf. Mietrückstände, auszugswillig?)

Charakter der Umgebung (z. B. gewachsene Struktur, Neubaugebiet, Altstadt)

____

Umgebung (siehe auch Arbeitsblatt Umfeldanalyse)

Erste Angaben zur Infrastruktur: Verkehr, Schulen, Einkauf usw. Es fehlt: ______________________________

Details zum Objekt

☐ Balkon/Terrasse ☐ Bad ☐ Gästetoilette

Küchengröße ______________________________

Küchenausstattung ______________________________

Heizungsart ______________________________

Energiebedarf (Energieausweis) ______________________________

Angabe zur Dämmung: ______________________________

☐ Grundriss vorhanden

Aussagekräftige Fotos zu:

☐ Gesamtobjekt

☐ unmittelbarem Umfeld

☐ Aussichten

☐ Wohnräume

☐ Helligkeit der Innenräume

☐ Nutzräume

☐ Küche

☐ Bad

☐ Balkon/Terrasse

☐ Flur/Treppenhaus

☐ Schäden/Renovierungsbedarf

Besichtigungstermin am: ______________________________

Umgebungsanalyse

Erster Gesamteindruck

Lage

☐ zentral ☐ vorstädtisch ☐ dörflich ☐ grün

Erkennbare Belastungen

☐ Straßen ☐ Bahn ☐ Einflugschneise ☐ Gewerbe

Freiflächen

☐ Parks ☐ Wälder ☐ Felder ☐ Fluss ☐ Seen

Nachbarschaft

☐ gepflegt ☐ einfach ☐ ungepflegt

Entfernungen und Fahrtzeiten

Öffentlicher Verkehr

Entfernung des Objekts zu Haltestellen und Bahnhöfen ________ km, Dauer zu Fuß: ________ Min.

Direktverbindung oder Umsteigebedarf zu wichtigen Zielen ______________________________

Fahrtdauer zu wichtigen Zielen (Arbeitsplatz, Schule, City usw.) ________ bis ________ Min.

Dauer bei Abendverkehr ______________ Min

Auto

Entfernung zu wichtigen Zielen (Arbeit, Einkauf, Schule, Freizeit usw.) ____________________ km

Fahrtdauer zu wichtigen Zielen ________ bis ________ Min.

☐ Staugefahr auf Ihren potenziellen Wegen

Parksituation vor Ort ☐ gut ☐ schlecht

Fußgänger und Fahrrad

Entfernung zu wichtigen Zielen (Arbeit, Einkauf, Schule, Freizeit usw.) ________________ km

☐ Gefahren (Straßenüberquerungen, Kreuzungen)

☐ Unannehmlichkeiten (starker Autoverkehr, schmale Wege, Fußwege zugeparkt, abends Unsicherheitsgefühl)

☐ Straßen gut benutzbar (mäßiger und langsamer Autoverkehr)

Fahrtdauer zu wichtigen Zielen ________ Min

Wichtige Infrastruktur

Einkauf und Dienstleistungen

- ☐ Bäcker
- ☐ Supermarkt
- ☐ Biomarkt
- ☐ Drogerie
- ☐ Wochenmarkt
- ☐ Fachgeschäfte (z. B. Kleidung, Baumarkt, Elektronik)
- ☐ Restaurants und Kneipen
- ☐ Ärzte
- ☐ Apotheke

Es fehlt: ____________________

Kinder und Jugendliche

- ☐ Krippe und Kindergarten
- ☐ Grundschule und Hort
- ☐ Gymnasium
- ☐ Berufsschule
- ☐ Spielmöglichkeiten und -plätze
- ☐ Jugendtreffpunkte, Discos usw.

Es fehlt: ____________________

Kultur, Freizeit, Soziales

- ☐ Kino
- ☐ Theater, Oper, Museen
- ☐ Vereine
- ☐ Sportplätze und -hallen
- ☐ Parks und Grün
- ☐ Kirche
- ☐ Pflegedienste

Es fehlt: ____________________

Verkehrskosten am künftigen Standort

Monatliche Kosten

Auto 1	Auto 2	Auto 3	
________	________	________	Wertverlust (Anschaffungspreis minus aktuell möglicher Verkaufspreis durch die Zahl der voraussichtlichen Haltemonate)
________	________	________	Benzin/Strom (voraussichtliche Fahrkilometer mal Kosten für Sprit/Strom pro km)
________	________	________	Versicherungsbeitrag (durch 12 Monate)
________	________	________	Reparaturen (durchschnittlich nach Ihren Erfahrungen)
________	________	________	Kfz-Steuern (durch 12 Monate)
________	________	________	Parken pro Monat
________	________	________	**Summe**

Öffentlicher Verkehr/Leihfahrzeuge

________	Monatstickets
________	Kosten für Einzelfahrten pro Monat
________	Carsharing/Automiete
________	Fahrrad (ca. 10 €/Rad/Monat)
________	**Summe aller Verkehrskosten**

Besichtigung

Dokumente, um die Sie den Verkäufer bitten können
Exposé, Grundriss, Energieausweis, Baubeschreibung, Baugenehmigungen auch für nachträgliche Anbauten, Baupläne, evtl. Bodengutachten, Belege für dokumentierte und erkennbare Sanierungen und Modernisierungen.

Es fehlt: ______________________________

Allgemeine Informationen

Verkaufsgrund: ______________________________

Bauweise: ______________________________

Allgemeiner Zustand (erster Eindruck): ______________________________

Bekannte Mängel und Schäden: ______________________________

Bauzustand außen

	guter Zustand	Reparaturen nötig	zu sanieren	Darauf können Sie achten:
Außenwände und Putz	☐	☐	☐	sichtbare Risse und Schäden, abgeplatzter Putz, Schimmel, Feuchtigkeit, Graffitis
Holzverkleidung	☐	☐	☐	Zustand des Anstrichs, abgeplatzte Stellen, Verfärbungen. Ist das Holz verzogen oder wirkt es morsch?
Wärmedämmung	☐	☐	☐	Risse, Dellen, Algenbewuchs
Dach	☐	☐	☐	Zustand der Ziegel und des Kamins: sichtbare Schäden, bemoost
Regenrinne	☐	☐	☐	neuwertig, unbeschädigt, nicht verstopft, keine verdächtige Feuchtigkeit
Balkone und Terrassen	☐	☐	☐	Wasserabfluss, Anschlüsse für Strom und Licht, Sonnenschutz, Einsicht von außen
Haustüren, Terrassentür, Kellertür	☐	☐	☐	erkennbare Schäden, Schließbarkeit, Einbruchschutz, ausreichende Beleuchtung
Fenster außen	☐	☐	☐	abgeplatzte Farbe
Zugang	☐	☐	☐	barrierefrei bzw. Umbau möglich

Sonstiges: ______________________________

Innenräume

Allgemeine Prüfpunkte

Atmosphäre der Innenräume: ______________________
(z.B. Wohnlichkeit)

Deckenhöhe in den Wohnräumen: ______________________
(z.B. niedrig bis hoch)

Licht: ______________________
(z.B. angenehm hell bis düster)

Platz für Funktionen und Möbel: ______________________
(z.B. ausreichend Wandflächen, störende Zwischentüren usw.)

Schallschutz zu Nachbarn: ______________________
(Ist dieser bekannt?)

	guter Zustand	Reparaturen nötig	zu sanieren	Darauf können Sie achten:
Treppen	☐	☐	☐	stabil und sicher, sichtbare Schäden, knarzende Stufen, stabiler Handlauf
Fenster	☐	☐	☐	Alter, Material sichtbare Schalliso-lierung, Schließbarkeit, Dichtigkeit, Einbruchsicherung
Rollläden und Jalousien	☐	☐	☐	Schließbarkeit
Innenwände	☐	☐	☐	Risse und Schäden, eventuell Feuchtigkeit, Zustand der Tapeten und Wandbeläge
Innentüren	☐	☐	☐	Schließbarkeit, Schlüssel vorhanden
Fußböden und Fußleisten	☐	☐	☐	gewünschter Belag, Alter, Material, sichtbare Schäden, knarzende Dielen, Trittschalldemmung (schwimmender Estrich)
Steckdosen und Lichtschalter	☐	☐	☐	Anzahl, Lage
Kommunikation und Medien	☐	☐	☐	wichtige Anschlüsse: Telefon, Kabel, Internet
Aufzug	☐	☐	☐	Größe, Wartezeit, Tempo, barrierefreier Zugang, Zustand der Kabine
Kinderwagen	☐	☐	☐	Abstellplatz im Erdgeschoss, Mitnahme in die Wohnung möglich
Dachboden	☐	☐	☐	Dachkonstruktion, Isolierung, Ausbau möglich, bei ausgebautem Dach: Dampfsperre zwischen Zimmer(-schräg)decke und Dämmung

Sonstiges: ______________________

Küche

	guter Zustand	Reparaturen nötig	zu sanieren	Darauf können Sie achten:
Einbauküche	☐	☐	☐	Fabrikat und Alter
Boden	☐	☐	☐	Alter, Material, sichtbare Schäden, pflegeleicht/pflegeintensiv
Fliesenspiegel	☐	☐	☐	gewünschte Farbe, stumpf etvl. beschädigt
Elektrogeräte	☐	☐	☐	Fabrikat und Alter, fehlende Geräte

Sonstiges: ________________________________

Bad und WC

Allgemeine Prüfpunkte

Sanitärinstallationen: ________________________________
(alt bis neu)

Platzangebot: ________________________________
(evtl. Wickeltisch, Waschmaschine)

Belüftung: ________________________________
(durch Fenster, elektrische Lüftung)

Separates WC: ☐ ja ☐ nein

	guter Zustand	Reparaturen nötig	zu sanieren	Darauf können Sie achten:
Toilette	☐	☐	☐	Fabrikat und Alter, sichtbare Risse oder Schäden
Waschbecken	☐	☐	☐	Fabrikat und Alter, Zustand der Armatur, starke Verkalkungen
Fliesen	☐	☐	☐	Farbe und Anmutung, stumpf evtl. beschädigt, Schimmel in den Fugen
Duschkabine	☐	☐	☐	Zustand der Wände und Armatur, starke Verkalkungen oder Schimmel, barrierefrei
Badewanne	☐	☐	☐	Größe, Zustand der Wanne und Armatur, starke Verkalkungen oder Schimmel

Sonstiges: ________________________________

Keller

	guter Zustand	Reparaturen nötig	zu sanieren	Darauf können Sie achten:
Hausanschlüsse	☐	☐	☐	Strom, Waschmaschine, Trockner usw.
Konstruktion	☐	☐	☐	Stein, Beton, sichtbare Feuchtigkeit, kein fester Boden
Räume	☐	☐	☐	Größe, Höhe, Einschränkungen durch Rohre, belüftbar und beheizbar
Wände	☐	☐	☐	Feuchtigkeit, Schimmel, muffiger Geruch, Anzeichen von Hausschwamm

Rückstausicherung vorhanden? ja ☐ nein ☐

Sonstiges: ____________________

Heizung, Wasser, Strom

	guter Zustand	Reparaturen nötig	zu sanieren	Darauf können Sie achten:
Heizung	☐	☐	☐	Fabrikat, Alter und Größe des Kessel, Rohren und Heizkörpern, durchschnittlicher Verbrauch bekannt, Emissionsbestimmungen
Warmwasserbereitung	☐	☐	☐	Wasserqualität und -färbung, Art der Warmwasserbereitung, Effizienz
Solaranlage	☐	☐	☐	Fabrikat und Alter
Wasserleitungen	☐	☐	☐	Alter, Material Kupfer, Wasserdruck, Rohrbrüche oder andere Versicherungsfälle bekannt, Wasserqualität
Elektroinstallation	☐	☐	☐	Pläne zum Verlauf der Stromleitungen (v. A. bei Altbau), Alter der Verteileranlage, Zustand der Schalter und Steckdosen

Wartungen: Belege und Protokolle vorhanden? ja ☐ nein ☐

Messungen: Belege und Protokolle vorhanden? ja ☐ nein ☐

Sonstiges: ____________________

Außenanlagen

	guter Zustand	Reparaturen nötig	zu sanieren	Darauf können Sie achten:
Garage	☐	☐	☐	Größe, feucht oder muffiger Geruch, Schließbarkeit und Einbruchschutz
Stellplatz	☐	☐	☐	Belag und Pflasterung, überdacht
Stellplatz für Fahrräder	☐	☐	☐	abschließbar, ebenerdig, überdacht
Müllplatz	☐	☐	☐	Standort, Einhausung und Sauberkeit
Zufahrt	☐	☐	☐	Belag und Pflasterung, fester Boden
Wege	☐	☐	☐	Belag und Pflasterung, sichtbare Schäden
Garten	☐	☐	☐	Größe, Pflegeaufwand, Einsehbarkeit/Sichtschutz
Kindertauglichkeit	☐	☐	☐	Spielfläche, evtl. Gefahrenzonen
Tor und Zaun	☐	☐	☐	Material, Höhe, sichtbare Schäden, Schließbarkeit
Nachbarn und Nachbarschaft	☐	☐	☐	Abstand zu den Nachbargrundstücken, Eindruck: gepflegt, viel Müll, wirkt verwahrlost

Belastungen (Umwelt): Sind Vorfälle bekannt? Gibt es sichtbare Altlasten (z. B. Müll, Tonnen, Kanister)

ja ☐ nein ☐

Sonstiges: ____________________

Prüfpunkte für die Eigentumswohnung

In der Teilungserklärung

- ☐ Angaben zu Ihrer Wohnung: Lage im Haus (Wohnungsnummer laut Text und beiliegendem Plan) ☐
- ☐ Größe in qm: ______________
- ☐ Sondernutzungsrechte für Räume und Flächen (z. B. Keller, Terrasse, Garagenplatz), und zwar:

  ____

- ☐ Gebrauchsbeschränkungen, und zwar:

  ____

Gemeinschaftsleben

- ☐ Monatliche Umlage (Wohngeld/Hausgeld), Höhe: ______________________
- ☐ Höhe der Instandhaltungsrücklage (Ist diese verzinst?): ______________________
- ☐ Abstimmungsregeln. Passen diese zu Ihnen? ja ☐ nein ☐
- ☐ Hausordnung. Passen die Regeln zu Ihnen? ja ☐ nein ☐
- ☐ Konflikte oder Probleme der Gemeinschaft (Protokolle, Auskunft von Eigentümern und Verwalter, Gerichtsurteile), und zwar:

  ____

- ☐ Gewerbe im Haus: aktuelle und potenzielle Störungen, und zwar:

  ____

- ☐ Anteil des Gewerbes an den Gemeinschaftskosten hoch (wenn zahlungskräftiger Gewerbenutzer auszieht, Kostenrisiko für alle anderen Eigentümer)
- ☐ Hoher Anteil an Selbstnutzern (mehr Engagement, aber ggf. mehr Konflikte)
- ☐ Hoher Anteil an Vermietern (oft mehr Bewohnerwechsel, weniger Identifikation mit dem Haus)
- ☐ Viele Wohnungen in einer Hand (Gefahr der Dominanz eines Eigentümers)
- ☐ Zahl der Wohnungen und Gewerbeeinheiten (je größer die Gemeinschaft, desto unbeweglicher und schwieriger zu managen)

Verwalter

- ☐ Qualifikation des Verwalters (Zahl der verwalteten Häuser/Alter des Unternehmens/formale Qualifikationen):

  ____

- ☐ Kosten für den Verwalter: ______________ Euro

Mietrendite errechnen

Bruttomietrendite:

____________________	Jahresmiete, netto kalt
÷ ____________________	Kaufpreis
x 100	
= ____________________	Bruttomietrendite (Prozent p. a.)

Nettomietrendite:

Zwischenrechnung Jahresreinertrag

____________________	Jahresmiete (Euro), netto kalt
– ____________________	Instandhaltungskosten (Faustregel: mindestens 1 Prozent des Kaufpreises pro Jahr)
– ____________________	Verwaltungskosten (in der Regel 250 bis 350 Euro pro Jahr)
= ____________________	**Jahresreinertrag**

Zwischenrechnung Gesamtkosten

____________________	Kaufpreis
+ ____________________	Grunderwerbsteuer (je nach Bundesland 3,5 bis 6,5 Prozent des Kaufpreises)
+ ____________________	Notar- und Grundbuchkosten (1,5 bis 2 Prozent des Kaufpreises)
+ ____________________	Maklerprovision (3,47 bis 7,14 Prozent des Kaufpreises)
+ ____________________	Renovierungskosten
+ ____________________	mit dem Kauf verbundene Telefon-, Fahrtkosten, Schätz- und Gutachterkosten, Verwalterzustimmung
= ____________________	**Gesamtkosten**

Endrechnung für Nettomietrendite

____________________	Jahresreinertrag
÷ ____________________	Gesamtkosten
X 100	
= ____________________	**Nettomietrendite (Prozent p. a.)**

Kaufnebenkosten

__________ **Maklerprovision**
(je nach Fall 0 bis 7,14 % des Kaufpreises)

\+ __________ **Grunderwerbsteuer**
(je nach Bundesland 3,5 bis 6,5 % des Kaufpreises)

\+ __________ **Notargebühren für den Kaufvertrag**
(Bei gängigen Wohnungen und Einfamilienhäusern rund 1 bis 1,5 Prozent des Kaufpreises – bei billigen mehr, bei teuren weniger. Im Internet gibt es Notarkostenrechner.)

\+ __________ **Gebühr für die Verwalterzustimmung**
(Bei Eigentumswohnungen. Höhe unterschiedlich, ca. 100 bis 250 Euro)

\+ __________ **Notargebühren für die Grundschuld**
(Je nach deren Höhe 1 bis 0,5 Prozent der einzutragenden Grundschuld. Auch hier gibt es Rechner im Internet.)

\+ __________ **Grundbucheintrag** (Vormerkung und endgültiger Eintrag)
(Die Kosten unterscheiden sich regional und betragen je nach Kaufpreis für normale Häuser und Wohnungen etwa 0,2 bis 0,4 Prozent.)

\+ __________ **Grundschuldeintrag im Grundbuch**
(rund 0,2 bis 0,3 Prozent des Kaufpreises)

= __________ **Summe**

Finanzbedarf – finaler Check

Kreditbedarf

Erwerbskosten und wichtige Nebenkosten

______	Kaufpreis
+ ______	Grunderwerbsteuer
+ ______	Notar- und Gerichtsgebühr (hier können Sie pauschal 1,5 % des Kaufpreises ansetzen)
+ ______	Maklerprovision (siehe Maklerangebot)
+ ______	Voraussichtliche Sanierungs- und Modernisierungskosten (ggf. mit Expertenhilfe schätzen)
+ ______	Noch nicht abgerechnete Erschließungskosten (von Ihnen direkt oder per Umlage an die Gemeinde zu zahlen)
+ ______	Umzugskosten (grobe Schätzung)
+ ______	Einrichtung (Möbel, Küche u. a.)
+ ______	Kosten für Arbeiten an Garten und Außenanlagen
+ ______	absehbare Sonderumlagen (bei Eigentumswohnungen)
= ______	**Summe**
– ______	Eigenkapital und Darlehenssicherheiten (Betrag aus Arbeitsblatt S. 101)
= ______	**finaler Kreditbedarf**

Kreditrate

Laufende Einnahmen

______	Nettolohn/Gehalt/durchschnittlicher Gewinn aus selbstständiger Tätigkeit
+ ______	Kindergeld
+ ______	Mieteinnahmen (netto)
+ ______	Weitere regelmäßige Einnahmen (z. B. Nebeneinkünfte wie Honorare, laufende Unterstützung durch Verwandte)
= ______	**Summe**

Laufende Kosten

____________	aktuelle private Lebenshaltung (siehe Arbeitsblatt 103)
+ ____________	absehbare höhere Lebenshaltungskosten nach Umzug (z. B. Verkehr, höhere Kita-Gebühren usw.)
+ ____________	aktuelle Vorsorge (Riesterrente, ungekündigte Lebensversicherungen)

Betriebskosten der neuen Immobilie (Quellen: Verkäufer und Recherche)

____________	Heizung
+ ____________	Frischwasser
+ ____________	Abwasser
+ ____________	Müll
+ ____________	Schornsteinfeger
+ ____________	Straßenreinigung
+ ____________	Gartenpflege
+ ____________	Gebäudeversicherung (monatlich)
+ ____________	Instandhaltung (Faustregel: mindestens 1 Euro pro Quadratmeter pro Monat)
+ ____________	Haus- oder Wohngeld (bei Eigentumswohnung, oben genannte Kosten meist darin enthalten)
+ ____________	Strom (Hausstrom bei Eigentumswohnungen im Wohngeld enthalten)
+ ____________	Grundsteuer
= ____________	**Summe aller Kosten** (laufende und Betriebskosten)

Endrechnung Kreditrate

____________	Summe laufende Einnahmen
– ____________	Summe aller Kosten
= ____________	**maximale Kreditrate**

Unterlagen für das Kreditgespräch

Zu Person und Vermögenslage

- ☐ Auszüge des Girokontos der letzten drei Monate
- ☐ Auszüge von Spar- und Festgeldkonten
- ☐ Depotauszüge
- ☐ Bausparvertrag mit Konditionen plus Auszug des Bausparkontos
- ☐ Ggf. Zuteilungsschreiben der Bausparkasse
- ☐ Nachweis der Lebensversicherung mit Rückkaufswert
- ☐ Riester-Vertrag mit Kontostand zu Jahresanfang
- ☐ Schriftliche Zusicherung von Verwandtendarlehen
- ☐ Gehaltsnachweise, bei Selbstständigen: Steuerbescheide der letzten 3 Jahre und ggf. jüngste Jahresbilanz und/oder jüngste Steuererklärung
- ☐ Grundbuchauszüge, Darlehensverträge und ggf. Mietverträge weiterer Immobilien in Ihrem Eigentum
- ☐ Belege zu weiteren laufenden Krediten und Verpflichtungen

Zur Immobilie

- ☐ Entwurf des notariellen Kaufvertrags
- ☐ Bauträgervertrag
- ☐ Grundbuchauszug des Kaufobjekts
- ☐ Flurkarte des Kaufobjekts
- ☐ Grundstücksgröße
- ☐ Teilungserklärung bei Eigentumswohnungen
- ☐ Grundriss
- ☐ Exposé der Immobilie oder Objektbeschreibung
- ☐ Foto(s), bei Häusern und Wohnungen innen und außen
- ☐ Wenn vorhanden, Gutachten zur Wertermittlung

Bankenvergleich: Wichtige Elemente des Kreditangebots

Monatliche Kosten

Bank 1	Bank 2	Bank 3	
______	______	______	Kredithöhe
______	______	______	Monatsrate
______	______	______	Flexible Raten (ja/nein)
______	______	______	Sollzins (in Prozent)
______	______	______	Effektivzins (Prozent)
______	______	______	Zinsbindung (in Jahren)
______	______	______	Tilgungsdauer (bei heutigen Raten und Zinsen in Jahren)
______	______	______	Max. Sondertilgungen pro Jahr
______	______	______	Bereitstellungszinsen ab wie vielen Monaten
______	______	______	Bereitstellungszinsen in Prozent
______	______	______	Nebenkosten (z. B. Gebühr zur Beleihungswert-Ermittlung)
______	______	______	Teilauszahlungs-Gebühr (ja/nein)

Bei den folgenden Kriterien die Qualität des Angebots ankreuzen:

ja	nein	für mich egal	nochmals prüfen lassen	**Angebot 1**
☐	☐	☐	☐	Riester-Vertrag integrierbar
☐	☐	☐	☐	KfW-Förderung geprüft
☐	☐	☐	☐	Weitere Staatshilfen geprüft
☐	☐	☐	☐	Kreditsplitting möglich

ja	nein	für mich egal	nochmals prüfen lassen	**Angebot 2**
☐	☐	☐	☐	Riester-Vertrag integrierbar
☐	☐	☐	☐	KfW-Förderung geprüft
☐	☐	☐	☐	Weitere Staatshilfen geprüft
☐	☐	☐	☐	Kreditsplitting möglich

ja	nein	für mich egal	nochmals prüfen lassen	**Angebot 3**
☐	☐	☐	☐	Riester-Vertrag integrierbar
☐	☐	☐	☐	KfW-Förderung geprüft
☐	☐	☐	☐	Weitere Staatshilfen geprüft
☐	☐	☐	☐	Kreditsplitting möglich

Übergabe

Stammdaten zur Übergabe

Objekt und Objektart: ____________________

Adresse des Objekts: ____________________

Name und Adresse des Verkäufers: ____________________

Datum der Übergabe: ____________________

Zustand der Räume

	In Ordnung	Mängel/Bemerkung
Diele/Flur	☐	____________________
Wohnzimmer	☐	____________________
Schlafzimmer	☐	____________________
Kinderzimmer	☐	____________________
Arbeitszimmer	☐	____________________
andere Räume	☐	____________________
Küche	☐	____________________
Bad/WC	☐	____________________
Keller	☐	____________________
Garage	☐	____________________
Sonstiges	☐	____________________

Frist für die fachgerechte Mängelbeseitigung: ____________________
(Wenn im Vertrag festgehalten.)

Zählerstände

Strom	Zählernummer: ____________________	Stand: ____________________
Gas	Zählernummer: ____________________	Stand: ____________________

Wasser Zählernummer: ______________________ Stand: ______________________

Heizung Zählernummer: ______________________ Stand: ______________________

Schlüsselübergabe/Anzahl

Hausschlüssel: ______________________ Wohnungsschlüssel: ______________________

Kellerschlüssel: ______________________ Briefkasten: ______________________

Sonstige Schlüssel: ______________________ Es fehlt: ______________________

____

____

____

Wichtige Fragen

- ☐ Ist der Energieausweis vorhanden?
- ☐ Sind alle wichtigen Dokumente vorhanden (z. B. Grundrisse, Baupläne, statische Berechnungen, Grundsteuerbescheide, alte Grundbuchakten)?
- ☐ Werden die Dienstleister des bisherigen Eigentümers in Anspruch genommen (z. B. Müll, Strom, Internet usw.)? Wenn ja, wer ist der Anbieter/Kontaktdaten?
- ☐ Haben Sie sich alle Geräte erklären lassen (z. B. Heizungsanlage, Wasserversorgung usw.), evtl. Betriebsanleitungen erfragt?
- ☐ Haben Sie nach möglichen Eigenheiten der Immobilie gefragt (Verlauf der Kabel, Rohre usw.)?
- ☐ Haben Sie alle Rechnungen von kürzlich abgeschlossenen Renovierungsarbeiten und Einbauten (wegen Garantiefall)?

Bestätigung

Käufer und Verkäufer haben ein Übergabeprotokoll erhalten ☐ ja ☐ nein

Datum ______________________

____

Unterschrift Verkäufer

____

Unterschrift Käufer

____

Evtl. Zeuge, Name, Vorname, Adresse Unterschrift